UNA VOCE PER LA TERRA SANTA

Atti del Convegno «Dalla Notizia alle notizie.
Informazione, archeologia, dialogo tra le fedi.
I 90 anni della rivista *Terrasanta* (1921-2011)»

Pontificia Università Antonianum, Roma
21 ottobre 2011

Claudio Bottini - Giuseppe Caffulli
Andrea Cordero Lanza di Montezemolo - David Maria Jaeger
Danilo Mazzoleni - Paolo Pieraccini

edizioni
terra santa

Per informazioni sulle opere pubblicate
e in programma rivolgersi a

Edizioni Terra Santa
Via G. Gherardini 5 - 20145 Milano (Italy)
tel.: +39 02 34592679 fax: +39 02 31801980
www.edizioniterrasanta.it
e-mail: editrice@edizioniterrasanta.it

Proprietà letteraria riservata
Edizioni Terra Santa s.r.l. - Milano

Finito di stampare nel gennaio 2012
da Corpo 16 s.n.c. - Bari
per conto di Edizioni Terra Santa s.r.l.
ISBN 978-88-6240-137-1

Indice

GIUSEPPE CAFFULLI
Introduzione   5

DANILO MAZZOLENI
**La preziosa opera dei frati della Custodia di Terra Santa nel campo
dell'archeologia biblica. Le scoperte raccontate sulla rivista *Terrasanta***   9

GIOVANNI CLAUDIO BOTTINI
**Un ricordo di padre Virgilio Corbo archeologo di Terra Santa a vent'anni
dalla morte**   17

PAOLO PIERACCINI
**Il custodiato di Ferdinando Diotallevi (1918-1924) e la nascita della
rivista *La Terra Santa* (15 gennaio 1921)**   25

DAVID MARIA JAEGER
**Comunicazione e media nel cammino verso gli accordi tra Santa Sede
e Israele**   87

ANDREA CORDERO LANZA DI MONTEZEMOLO
La voce della presenza cristiana in Terra Santa   93

APPENDICI (A CURA DI ROSARIO PIERRI)
***Terrasanta* nelle altre lingue**   97

PROFILO DEGLI AUTORI   107

Giuseppe Caffulli

Introduzione

La consultazione delle annate della rivista *Terrasanta*, fondata nel lontano 1921 a Gerusalemme, per chi si occupa per mestiere di Medio Oriente nelle sue molteplici declinazioni (dal punto di vista sia della storia sia dell'attualità), offre indubbiamente l'opportunità di uno straordinario viaggio a ritroso nel tempo... Se poi, come per chi scrive, l'interesse professionale si sposa con una motivazione di fede, le pagine di *Terrasanta* regalano il privilegio di poter conoscere meglio il mondo della Bibbia, le scoperte legate all'archeologia biblica e alla nascita delle prime comunità cristiane.

In novant'anni di vita, *Terrasanta* (o *La Terra Santa*, come si chiamava fino al 2005) è stata lo specchio fedele di uno spicchio di mondo tutt'altro che marginale, dato che su Gerusalemme si focalizzano da sempre gli sguardi di gran parte dell'umanità e delle tre religioni monoteistiche: ebraismo, cristianesimo e islam. Sfogliando le raccolte di *Terrasanta* si trovano così pagine di storia (la scoperta della tomba del crociato Filippo d'Aubigny, sul sagrato della basilica del Santo Sepolcro, profili di protagonisti della missione quali il cardinal Charles-Martial Allemand Lavigerie, le cronache minute della Palestina, ma anche la semplice filosofia di fra Giocondo, che semina perle di saggezza francescana). E infine le vicende legate alla custodia dei Luoghi Santi (a volte segnate dal martirio), l'edificazione delle grandi basiliche, quali il Tabor e il Getsemani. E ancora gli usi e i costumi delle culture e delle religioni presenti in Medio Oriente, le feste islamiche ed ebraiche, le particolarità e le ricchezze spirituali delle varie Chiese cristiane divise in più riti e tradizioni.

Questo molteplice orizzonte (storico, biblico, archeologico, ecclesiologico, interreligioso ed etnografico), tanto ben rappresentato nella storia della rivista, ci ha convinto della necessità di sottolineare i 90 anni dalla sua fondazione con un convegno nel quale fare memoria del ruolo di *Terrasanta* in alcuni ambiti precisi (non potendoli scegliere ovviamente tutti). Ma nel contempo rilanciare l'importanza della missione comunicativa della rivista al servizio della Chiesa, della Custodia e dei Luoghi Santi.

A Roma, presso l'Auditorium della Pontificia Università Antonianum, si è dunque tenuto il 21 ottobre 2011 il Convegno "Dalla Notizia alle notizie. Informazione, archeologia, dialogo tra le fedi. I 90 anni della rivista *Terrasanta* (1921-2011)" proprio con l'intento di tracciare un primo bilancio sul tema dell'informazione relativa ai luoghi delle fede, partendo da una prospettiva storico-biblica per arrivare poi all'attualità della presenza cristiana in Terra Santa.

I lavori si sono svolti in due sessioni successive. Alla prima, dedicata a «Terra Santa e archeologia. La rivista *Terrasanta* come voce dell'archeologia biblica», hanno partecipato il professor Danilo Mazzoleni, docente di Epigrafia classica e cristiana e decano del Pontificio Istituto di Archeologia Cristiana, insieme a fra Giovanni Claudio Bottini ofm, decano dello *Studium Biblicum Franciscanum* di Gerusalemme (carica poi passata, dai primi di novembre, al confratello fra Massimo Pazzini). A fare le veci del padre Custode fra Pierbattista Pizzaballa (assente a causa dell'improvvisa morte del suo predecessore fra Giovanni Battistelli) fra Giuseppe Ferrari, Delegato del padre Custode per l'Italia. Il professor Mazzoleni ha messo in risalto l'opera dei frati della Custodia di Terra Santa nel campo dell'archeologia biblica e i riflessi di questo importante impegno sulle pagine della rivista, di cui egli stesso è stato prestigioso collaboratore. Fra Giovanni Claudio Bottini ha focalizzato la sua relazione su una delle più importanti figure dell'archeologia biblica, fra Virgilio Corbo, a vent'anni dalla morte (avvenuta il 6 dicembre 1991). Fra Virgilio è stato, oltre che studioso di fama internazionale, anche direttore della rivista *La Terra Santa* per un quinquennio (dal 1950 al 1955).

La seconda sessione, moderata magistralmente dal vaticanista Marco Politi, si è concentrata sul tema: «Informare sui Luoghi Santi: diplomazia e comunicazione nel contesto israelo-palestinese».

Paolo Pieraccini, esperto di relazioni internazionali e ricercatore dell'Ufficio storico della Custodia di Terra Santa, ha presentato una corposa relazione sugli anni del custodiato di fra Ferdinando Diotallevi (1918-24); anni che hanno visto la nascita della rivista *La Terra Santa* (1921), ma anche l'edificazione di importantissime basiliche, come il Tabor e il Getsemani, per le quali fra Ferdinando dovette affrontare problemi immani. Dalla relazione di Pieraccini, che offre innumerevoli spunti di approfondimento sull'opera dei frati minori in Terra Santa negli anni del Mandato britannico in Palestina, risulta evidente come la fondazione della rivista *La Terra Santa* nelle sue varie edizioni linguistiche, nascesse da un progetto complessivo e lungimirante di riposizionamento e rilancio della Custodia di Terra Santa all'indomani della caduta dell'Impero Ottomano e in relazione ai nuovi equilibri tra le potenze europee al termine della prima guerra mondiale.

Con monsignor David Maria Jaeger ofm, attualmente Prelato uditore del Tribunale della Rota romana ma, fino a pochi mesi fa, – e per un ventennio – protagonista nella delicata partita dei negoziati bilaterali tra Santa Sede e Israele, l'attenzione si è spostata sul ruolo dei mezzi di comunicazione nel cammino verso il riconoscimento giuridico della Chiesa in Israele. Un tema quanto mai attuale, visto che restano ancora da definire, in seno all'accordo stipulato nel 1993, importanti questioni legate ai beni ecclesiastici e allo statuto fiscale della Chiesa.

Le conclusioni sono toccate al cardinale Andrea Cordero Lanza di Montezemolo, già rappresentante pontificio a Gerusalemme, che ha sottolineato l'importanza della rivista *Terrasanta* come «voce della Chiesa» locale e dei cristiani delle varie comunità. «Desidero non soltanto menzionare la letizia per il novantesimo anniversario di vita della rivista *Terrasanta* – ha affermato – formulando l'augurio che possa continuare a lungo la sua preziosa opera di informazione, di riflessione, e di dibattito sui temi e sui fatti della Terra Santa, ma soprattutto voglio raccogliere e mettere in evidenza la necessità di insistere sulla indispensabile presenza dei cristiani in questa regione, dove il cristianesimo è nato e vi ha tenuto la sua importante presenza per duemila anni». Un compito che *Terrasanta* ha sempre cercato di svolgere con puntualità, precisione e completezza.

A me, che dal 2005 ho l'onore di dirigere *Terrasanta* e il lavoro editoriale delle Edizioni Terra Santa di Milano – dove la rivista viene oggi concepita e realizzata –, non resta che ribadire la volontà di essere fedeli a questa missione, cercando di offrire ai tanti lettori uno strumento utile di informazione e di formazione sui Luoghi Santi sempre più al passo con i tempi e i nuovi linguaggi della comunicazione, primo fra tutti quello che corre ormai sul *web* e sui nuovi media.

L'aver voluto raccogliere in un volume i contributi del Convegno per i 90 anni di fondazione della rivista non va affatto considerata un'operazione nostalgica, ma è piuttosto il desiderio di guardare alla storia per ritrovare in essa la fonte originaria d'ispirazione. E trarne spunti e insegnamenti per progettare il futuro con rinnovata freschezza e fantasia.

JERUSALEM

CONSTITUI CUSTODES

MUROS TUOS

SUPER

LA TERRA SANTA

PUBBLICAZIONE MENSILE

DELLA

CUSTODIA FRANCESCANA

GERUSALEMME
Tipografia dei PP. Francescani
1921

Danilo Mazzoleni

La preziosa opera dei frati della Custodia di Terra Santa nel campo dell'archeologia biblica. Le scoperte raccontate sulla rivista *Terrasanta*

Se mi è consentito iniziare questo intervento con un ricordo personale, ebbi modo di conoscere e apprezzare per la prima volta la rivista (allora denominata *La Terra Santa*) nella biblioteca del Pontificio Istituto di Archeologia Cristiana, quando la frequentavo come studente del corso di specializzazione: ero allora solito scorrere le pagine degli ultimi numeri pervenuti per apprendere quali fossero state le nuove scoperte avvenute in quel territorio.

In seguito, il compianto padre Michele Piccirillo mi chiese di pubblicare nel numero di gennaio-febbraio 1985 della rivista un mio articolo su "Le più antiche immagini dell'Epifania"[1] e quattro anni dopo, nel fascicolo di settembre-ottobre 1989, uscì, nell'edizione francese *La Terre Sainte*, un secondo mio articolo, che avevo dedicato alle scoperte della chiesa di Ayoun Mousa[2], dopo aver partecipato alla campagna di scavi condotta in quel sito nell'estate 1987.

Posso, quindi, affermare di far parte anch'io della nutrita schiera dei collaboratori di *Terrasanta*, che quest'anno felicemente compie il suo novantesimo compleanno e posso aggiungere di aver sempre apprezzato, come studioso di archeologia cristiana (e di epigrafia in particolare) la tempestività degli articoli, che poco dopo la fine delle varie campagne archeologiche forniscono una prima informazione sui risultati acquisiti. Si tratta, quindi, di uno strumento di aggiornamento utilissimo per gli studiosi e di una fonte d'informazione proficua per tutti gli appassionati.

Poiché il periodico si è sempre rivolto a lettori non necessariamente specialisti, il linguaggio risulta comprensibile a tutti, i dati esposti sintetici ma chiari, riservando trattazioni più analitiche, relazioni di scavo e studi più approfonditi

---

[1] pp. 4-8.
[2] pp. 227-231.

ad altre sedi, e in primo luogo al *Liber Annuus* dello *Studium Biblicum Franciscanum*.

Generalmente, in ogni numero di *Terrasanta* per tradizione viene edito un articolo di argomento archeologico-biblico, vertente su complessi monumentali già noti, su nuove scoperte o novità negli studi, e gli autori sono stati (e sono) spesso i frati archeologi della Custodia, tanto benemeriti sotto questo punto di vista. Fra essi si possono almeno ricordare i nomi dei padri Bellarmino Bagatti, Sylvester Saller, Josef Milik, Virgilio Corbo, Stanislao Loffreda, Michele Piccirillo, Frédéric Manns, Augustus Spijkerman, Pasquale Castellana, Ignacio Peña, Romualdo Fernandez e, negli anni più recenti, Eugenio Alliata e Pietro Kaswalder.

Logicamente non è possibile soffermarsi in maniera adeguata su tutti gli autori e gli argomenti trattati nel tempo limitato assegnatomi. Sembra opportuno, quindi, delineare una panoramica su alcuni temi di rilevante interesse, di epoche diverse, cercando di spaziare anche geograficamente in territori differenti interessati dalle ricerche.

Il caso ha voluto che, sfogliando le varie annate della rivista per preparare questo intervento, per primo aprissi il fascicolo di dicembre 1981, dedicato interamente al Museo dello Studio Biblico Francescano di Gerusalemme, che proprio trent'anni or sono era stato da poco ristrutturato a cura del dinamico direttore di allora, padre Piccirillo, che aveva assunto tale incarico dal 1974, progettando un piano di ristrutturazione e riorganizzazione dei locali, non più adeguati alla loro funzione.

Fra le nuove sale allestite, una era dedicata interamente alle memorie petrine a Cafarnao, mentre altre sezioni esposero materiali di particolari complessi archeologici, dal *Dominus Flevit* a Betania, da Nazaret al Nebo, con lo scopo finale di creare un Museo Archeologico Cristiano di Gerusalemme. Non mancava un settore dedicato a iscrizioni in lingue diverse.

Nella presentazione del fascicolo monografico, il direttore di allora, padre Claudio Baratto, riassunse molto efficacemente la funzione di questo museo, per molti aspetti unico nel suo genere in Terra Santa. Visitandolo, "i pellegrini avranno un'idea di ciò che significa la ricerca archeologica biblica. Comporta assidua fatica e spesa; significa accostamento fisico fra i testi sacri e la realtà storica".

Proseguendo in questa rassegna sintetica, si può ricordare innanzitutto un articolo apparso nel primo numero della rivista, il 15 gennaio 1921, senza firma (come si usava fare allora) e senza illustrazioni[3]. Si parla della chiesa del Getsemani (o dell'Agonia), già ricordata dai pellegrini del IV secolo (Egeria la definì "elegante") ed edificata probabilmente intorno al 380: un'aula rettangolare a tre navate, preceduta da un vestibolo e da una cisterna e conclusa da tre

---

[3] pp. 8-10 e 24-27.

absidi, con colonne corinzie e capitelli simili a quelli della basilica della Natività a Betlemme. Il punto focale del santuario è costituito da un grande masso, emergente dal livello del pavimento, dinanzi all'abside centrale. I resti riportati alla luce mostrano chiari segni di incendio, riferito alla distruzione della chiesa, compiuta dai persiani invasori nel 614. L'aula viene definita "una delle pagine più interessanti sulla storia dei santuari a Gerusalemme" e le vestigia antiche si trovano oggi inglobate nella chiesa eretta nel secolo scorso.

Se dal primo fascicolo della rivista si passa idealmente a uno dei più recenti, del luglio-agosto 2011, a un'altra memoria evangelica si ispira un articolo di fra Pietro Kaswalder, il quale accompagna il lettore "Al pozzo della Samaritana"[4] a Nablus, l'antica Sichem, che i Romani chiamarono *Flavia Neapolis,* dove di recente è stato costruito un santuario moderno. L'area del pozzo era stata esaminata più volte dai padri Abel, Vincent e Bagatti, trovando tracce di una prima chiesa della fine del IV secolo, di pianta cruciforme, ma anche di un suo uso precedente, fin dall'epoca ellenistica. Si sa che essa dovette subire danni rilevanti in occasione di due sommosse dei Samaritani nel 484 e nel 529.

Nel periodo bizantino si ricostruì e abbellì l'aula con colonne, capitelli, mosaici pavimentali e iscrizioni. Il recinto marmoreo che proteggeva il pozzo fu allora portato a Costantinopoli come dono all'imperatore Giustiniano, che lo fece collocare nella basilica di Santa Sofia. In epoca crociata sopra l'edificio precedente fu costruita una grande basilica.

Spigolando fra gli scritti, dedicati nelle varie annate di *Terrasanta* ai complessi monumentali, nel numero di marzo-aprile 1982, in occasione della posa della prima pietra nel memoriale della casa di Pietro a Cafarnao, un articolo, siglato L.G., riguarda proprio questo straordinario complesso e i suoi dati archeologici[5], emersi soprattutto grazie agli scavi condotti dai padri Corbo e Loffreda e analizzati in ben quattro volumi, editi fra il 1972 e il 1975.

La basilica ottagonale, che fu eretta nella prima metà del V secolo sui resti della casa che era stata di Simon Pietro, faceva parte di una zona residenziale, comprendente una dozzina di abitazioni, già utilizzate dal I secolo a.C. Nella sala che costituiva il fulcro del santuario apostolico, si raccolsero oltre un centinaio di frammenti di intonaco con graffiti in greco, siriaco ed ebraico, simbolo inequivocabile di un luogo venerato e frequentato dai pellegrini. Un'ulteriore prova della continuità di culto era data dalla presenza di molti pavimenti successivi in battuto di calce e uno di questi fu certamente calpestato dalla pellegrina Egeria, che nel suo diario di viaggio tramanda la memoria di questo santuario.

Nel numero di gennaio-febbraio 1999 padre Alliata parlò della ricerca ar-

---

[4] pp. 49-52.
[5] pp. 60-67.

cheologica a Cana di Galilea, precisando prima le principali teorie che propo-
nevano di identificare il sito in due luoghi diversi, Kefer Kenna e Khirbet Qana[6].
Indagini archeologiche compiute nel 1997 a Kefer Kenna hanno consentito di
verificare la presenza di diverse fasi costruttive, antecedenti alla chiesa francescana, eretta nel 1901. In particolare, si individuò un edificio funerario del V-VI
secolo, di cui resta un'abside rivolta a nord con una tomba semidistrutta, già
intravista agli inizi del '900. In precedenza, esisteva una sinagoga con un atrio
porticato e mosaicato, riferito al V secolo, che era stata preceduta da alcune abitazioni, databili fra il I e il IV secolo. Purtroppo, le ricerche non hanno rivelato
alcun segno di frequentazione del luogo da parte di pellegrini nell'antichità.

Non di rado i ricchi materiali iconografici, contenuti soprattutto nei mosaici
pavimentali, hanno dato lo spunto ad articoli, volti ad attirare la curiosità dei
lettori. Così, nel luglio-agosto 1948 padre Bagatti parlava di alcuni mestieri
raffigurati in quei tappeti musivi, specificamente nella chiesa dei Santi Lot e
Procopio a Khirbat al-Mukhayyat, sul Nebo[7]. Si tratta di un vendemmiatore, di
un trasportatore di uva, di un suonatore di flauto e di un pescatore con l'amo.
Queste scene sono "cose graziose che si vedono anche oggi con piacere" e in-
tendono ricordare le attività umane nell'ambito del creato e l'economia del lavoro come mezzo di sostentamento.

Oltre che di monumenti degli attuali territori israeliano e palestinese, *Terrasanta* spesso si è occupata di argomenti relativi al Libano e alla Siria (talvolta
anche alla Turchia e all'Egitto), dove pure hanno proficuamente operato altri
frati-archeologi, come i padri Pasquale Castellana e Ignacio Peña. Quest'ultimo
presentò nella rivista del luglio-agosto 1982[8] "La chiesa domestica di Qirq Bi-
ze", uno dei complessi siriani più interessanti, ubicato una cinquantina di chilometri a ovest di Aleppo, fra le montagne di Jebel el-Ala.

Si è supposto di vedere qui una *domus ecclesiae* di inizi IV secolo, consistente in una struttura rettangolare coperta con tetto a spioventi e preceduta da
un portico colonnato, alla quale poi si aggiunsero altre parti, fra le quali un bema
semicircolare (la zona della chiesa riservata al clero ed ai ministri, NdR) con un
presbiterio rialzato, un ambiente martiriale con cinque reliquiari e un vano di
servizio. Fu individuato anche un battistero quadrato, addossato al muro sud e
inoltre uno xenodochio (una struttura adibita a ricovero per pellegrini e forestie-
ri, NdR) e una cisterna. Il complesso restò in vita fino al VII secolo, quando le
invasioni persiana prima e araba poi causarono il suo progressivo abbandono.

Rimanendo sempre nel medesimo ambito territoriale, nelle note di viaggio
nella Siria cristiana, pubblicate nel novembre-dicembre 1983[9], padre Piccirillo

---

6 pp. 11-18.
7 pp. 124-127.
8 pp. 150-155.
9 pp. 251-254.

presentò l'interessante iscrizione musiva pavimentale di Qubbet esh-Shih (un sito a poco più di 50 km da Aleppo), scoperta grazie ad una ricognizione sul territorio. La dedica in greco, purtroppo lacunosa, ricorda forse un personaggio molto noto della storia della Chiesa antica, Acacio, identificato con l'omonimo vescovo di Berea (oggi Aleppo), nato verso il 332, vissuto almeno fino al 433, che partecipò al Concilio di Costantinopoli del 381 e fu prima scomunicato e poi reintegrato nelle sue funzioni da papa Innocenzo I. L'iscrizione (la cui data è parzialmente mutila) è degli inizi del 400, ma l'autore prudentemente obietta che potrebbe trattarsi anche di un altro Acacio, altrimenti sconosciuto. Una seconda dedica, in siriaco, riguarda un architetto di Aleppo, Kosma, costruttore della chiesa.

Fra le scoperte più sensazionali illustrate nella rivista, una avvenne nel vicino Libano e fu resa nota nel maggio-giugno 1984 da padre Peña[10], che annunciò di aver probabilmente individuato la tomba del monaco siriaco San Marone, padre della nazione maronita libanese, vissuto tra la fine del IV e l'inizio del V secolo. Il sito è quello di Brad, antica capitale del territorio di Jebel Sem'an, vicino a Qal'at Qalota, dove probabilmente visse il santo.

Alla grande chiesa cattedrale della città, eretta fra il 399 e il 402, fu aggiunta una cappella absidata, collegandola all'aula tramite un arco, dove si trovarono quattro reliquiari litici, uno dei quali separato dagli altri in posizione di rilievo. In base all'esame attento di fonti letterarie e dei dati archeologici, proprio qui potevano, perciò, essere state custodite le spoglie del santo.

Passando a un altro tema di notevole rilievo in ambito iconografico, negli ultimi anni si sono pubblicati diversi contributi sull'iconofobia in territorio giordano, ossia sul fenomeno riscontrato in tanti pavimenti musivi di un volontario danneggiamento di tutte le immagini di esseri viventi, con il conseguente riposizionamento delle tessere rimosse in maniera casuale. In un primo tempo si era pensato a qualche eco del fenomeno iconoclasta bizantino, ma gli interventi distruttivi, e in diversi casi gli stessi mosaici guastati appartengono all'epoca musulmana. In un articolo del gennaio-febbraio 1983 padre Piccirillo già si poneva questo problema[11], osservando comunque che "l'invasione araba diede un impulso all'abbandono di diverse chiese, ma non ne fu la causa determinante".

Il provvedimento di deturpare le immagini di esseri viventi poté essere stato causato da un ordine delle autorità, o dal fanatismo di correnti cristiane monofisite e iconoclaste, che volevano estendere al di fuori dei confini dell'impero bizantino l'efficacia dei decreti iconoclasti di Leone III. Viene esclusa, però, quest'ultima ipotesi, perché nell'impero bizantino furono cancellate solo le figure bibliche e dei santi, per scongiurare una possibile idolatria e non tutte le

---

[10] pp. 132-134.
[11] pp. 15-18.

figure umane o di animali. Forse la cosa è da inquadrare allora nella mentalità semitica, ripresa poi dai musulmani, di evitare la rappresentazione di esseri viventi. Questo stesso argomento fu ripreso in altre sedi negli anni successivi, in seguito alla scoperta di nuovi pavimenti musivi con interventi iconofobi.

Il padre Alliata nel fascicolo di maggio-giugno 2007 scrive[12]: "In Terra Santa, ogni anno, diverse antiche chiese cristiane ritornano alla luce, in circostanze casuali oppure nel corso di regolari campagne di scavo condotte dagli archeologi". La maggior parte di esse risalgono al V o al VI secolo ed è piuttosto raro trovarne una attribuibile al secolo precedente. Per questa ragione egli segnala il ritrovamento, operato da archeologi israeliani, di una basilichetta rurale con battistero nel sito di Lidda. Un'epigrafe dedicatoria cita il vescovo locale Dionisio, già conosciuto da altre fonti e riferibile allo scorcio del IV secolo, cosa che fornisce la datazione del complesso cultuale.

Terrasanta non solo ha sempre divulgato le risultanze degli scavi condotti dallo *Studium Biblicum,* ma anche quelle di altre missioni operanti in quei luoghi, non di rado difficilmente consultabili. Così, nel gennaio-febbraio 2006 fra Rosario Pierri parlava della ritrovata piscina di Siloe, ricordata dal vangelo di Giovanni (9,1-41) e indagata, grazie a un rinvenimento casuale, dall'*Israel Antiquities Authority*[13]. Essa è preceduta da un'imponente scalinata ed è ubicata non lontano da un'altra piscina, monumentalizzata dall'imperatrice bizantina Eudocia nella prima metà del V secolo; dovette essere costruita nel I secolo a.C., per essere distrutta nel corso della guerra da Tito nel 70 d.C. Il ritrovamento di diverse monete ha consentito fortunatamente una datazione piuttosto precisa del manufatto.

Un altro merito della rivista, rimanendo sempre nell'ambito archeologico, è quello di aver proposto ai lettori anche siti poco noti, ma di notevole interesse dal punto di vista storico e antiquario. È il caso di Antiochia sull'Oronte, antica città turca (un tempo parte della provincia romana di Siria) legata alle vicende di Paolo, Barnaba e Pietro, illustrata sempre nel luglio-agosto 2006 da Mariagrazia Zambon[14]. In contrasto con la grande messe di notizie fornite delle fonti letterarie, le vestigia archeologiche non sono così cospicue come ci si aspetterebbe, anche perché nel corso del tempo la città fu devastata da terremoti, incendi e saccheggi. Oltre ad alcuni mosaici e a qualche sarcofago, resta però la cosiddetta "grotta di San Pietro", una chiesa rupestre, tuttora molto frequentata, il cui esterno è di epoca crociata, ma la tradizione della sua fondazione risale a molti secoli addietro.

Nella rivista sono interessanti anche gli articoli dedicati ai protagonisti delle

[12] p. 61.
[13] pp. 52-54.
[14] pp. 51-54.

ricerche archeologiche, che hanno dato un contributo importante al progresso scientifico. In primo luogo sembra opportuno citare un'intervista rilasciata a padre Peña da padre Bellarmino Bagatti, una delle figure preminenti negli studi e nelle esplorazioni del secolo scorso, in occasione del suo ottantesimo compleanno, coincidente con i cinquant'anni di attività in campo archeologico. Da essa emergono anche aspetti inediti della personalità dello studioso.

Egli confessa che la scoperta più emozionante da lui fatta fu quando, nel santuario della Vergine a Nazaret, si trovò un frammento intonacato con l'eloquente graffito, tracciato da un anonimo pellegrino, XE MAPIA, ossia AVE MARIA, prova inoppugnabile che proprio quello era il sito venerato fin dai primi secoli cristiani.

Si può citare un altro articolo dello stesso filone, ispirato dai quarant'anni di attività di padre Pasquale Castellana, profondo conoscitore delle antichità siriane e del monachesimo sviluppato in quella regione, scritto da Giuseppe Caffulli (l'attuale direttore del periodico) nel settembre-ottobre 2006[15] e intitolato in modo davvero suggestivo: "Il cacciatore di croci". Uno dei meriti di padre Castellana è quello di aver studiato per primo – con i padri Peña e Romualdo Fernandez – la diffusione dello stilitismo in ambito siriano, pubblicando una monografia sul tema nel 1975 e un'altra tre anni dopo sui "reclusi", eremiti che trascorrevano il tempo, in contemplazione, preghiera e lavoro. Completò la serie un terzo volume sui cenobiti siriani, fiorenti soprattutto fra V e VI secolo.

Fra i tanti articoli dedicati all'archeologia cristiana, una parte tratta specificamente di iscrizioni, una categoria di testimonianze particolarmente abbondanti e preziose in questi territori. Alcuni esempi indicativi sono menzionati da padre Alliata in un articolo di gennaio-febbraio 1987 dedicato a "Battesimo e Battisteri in Gerusalemme e nei Luoghi Santi della Palestina"[16], che sintetizza le peculiarità di una trentina di battisteri fino ad allora noti, databili fra il IV e il VII secolo. Le epigrafi per lo più ricordano gli oblatori che contribuirono finanziariamente all'esecuzione dei pavimenti musivi, ma non di rado viene menzionata l'inaugurazione dell'edificio sacro e quale autorità ecclesiastica fosse presente alla cerimonia.

Nel complesso monastico del Memoriale di Mosè sul monte Nebo furono scoperti due battisteri del VI secolo (il primo nel 1933 da padre Saller, il secondo nel 1976 da padre Piccirillo) con sette iscrizioni in greco, la lingua usata prevalentemente in quell'epoca nella regione. Due di esse compaiono nel mosaico ai lati della vasca e dicono: "Con l'aiuto del Signore nostro Gesù Cristo fu compiuta l'opera del tempio santo con il luogo dell'illuminazione" (ossia, il battistero, in cui i battezzandi erano illuminati dalla luce della grazia). La secon-

---

[15] pp. 24-26.
[16] pp. 48-55.

da dedica, invece, contiene la data precisa di quest'opera: "Al tempo del piissimo Sergio vescovo e di Martirio presbitero ed egumeno carissimo a Dio, durante la quindicesima indizione, nell'anno 492" della provincia di Arabia, che corrisponde al 597.

Allora si ricostruì la basilica, ingrandendola rispetto alla costruzione precedente e fornendola di un battistero, che doveva sostituire quello primitivo, risalente al 531 e caratterizzato da una vasca cruciforme e da un mosaico ben conservato, eseguito – come specifica un'altra epigrafe – "per grazia di Dio, al tempo del nostro padre e pastore il vescovo Elia carissimo a Dio" per la salvezza di diversi donatori. Un ultimo testo, molto breve, è un saluto rivolto ai neobattezzati che entravano nell'aula eucaristica: "Pace a tutti!".

Già da quanto si è potuto evidenziare emerge chiaramente il ruolo fondamentale della rivista *Terrasanta* nella divulgazione della preziosa opera dei frati della Custodia nelle ricerche, negli studi e nella tutela dei monumenti, che sono convenzionalmente compresi nel campo dell'archeologia biblica. E certamente scoperte e novità non mancheranno anche nei prossimi numeri del periodico.

G. Claudio Bottini

Un ricordo di padre Virgilio Corbo archeologo di Terra Santa a vent'anni dalla morte

Credo facciamo tutti l'esperienza di memorie e ricordi che lentamente si sbiadiscono fino a perdersi e di ricordi invece che restano nitidi e, per così dire, immutati nella nostra memoria.

Il ricordo di padre Virgilio Corbo che ho conosciuto un po' da vicino soprattutto negli ultimi anni e giorni della sua vita è tra quelli che la mia anima porta ancora scolpiti come se tutto fosse accaduto ieri. E ciò non tanto perché io abbia una memoria inossidabile – tutt'altro! – quanto piuttosto perché padre Virgilio era singolare. Per questo, chi superava la "corteccia ruvida" che il suo temperamento asciutto e la sua riservatezza gli avevano cucito addosso ne scopriva aspetti genuini e davvero ammirevoli.

Il mio più antico ricordo di lui risale alla primavera del 1975 (19 maggio). Dopo aver letto qualche anno prima qui a Roma i suoi articoli su Cafarnao per preparare l'esame di geografia e archeologia biblica al Pontificio Istituto Biblico, arrivato in Terra Santa, lo vidi per la prima volta proprio tra i resti archeologici di Cafarnao. L'impressione di distacco ci fu, perché pur essendo noi per lo più studenti francescani dello *Studium Biblicum Franciscanum* di Gerusalemme, non ci invitò a entrare nel convento come chi ci guidava avrebbe desiderato. Tuttavia l'impressione più forte che riportai con me fu quella di una persona affascinata da quello che faceva. Ci illustrò le rovine di Cafarnao, collegando le sue scoperte con i racconti evangelici come se vi scorgesse le persone vive di Gesù, di Pietro e della suocera guarita dalla febbre, del paralitico calato dal tetto, delle folle che si accalcavano alla soglia della casa di Pietro, dei discepoli che ascoltavano i discorsi di Gesù nella sinagoga e le parabole sulla sponda del Lago.

Questa impressione si è ripetuta in me tutte le volte – e sono state tante – che ho visto padre Corbo presentare gli scavi di Cafarnao a personaggi illustri o a semplici pellegrini, generosamente e con semplicità. Al riguardo le testimonianze di chi ne fece esperienza sono tante. In certo modo lo rivelano anche i titoli con i quali non pochi giornalisti che lo avevano conosciuto personalmente ne ricordarono la scomparsa. Ne cito qualcuno: "È morto padre Corbo. Scoprì la casa di Pietro" (G. Motta, *Avvenire* 8.12.1991); "Conservò la memoria dei luoghi del Vangelo con l'umile attività dell'archeologo" (G. Concetti, *Osservatore Romano* 21.12.1991, 3); "Il Padre di Cafarnao" (L. Amicone, *Il Sabato* 21.12.1991, 60); "L'uomo che scoprì la *casa di Pietro*" (G. Marocco, *Il nostro tempo* 5.01. 1992, 7); "Scoprì le pietre calpestate da Gesù" (G. Ravasi, *Jesus* luglio 1992, 84); "Corbo, il Vangelo *scavato*" (G. Messina, *Avvenire* 6.12.1994, 17).

A partire dal 1978 in poi cominciammo a conoscerci sempre meglio al punto che io fui tra i pochi che giunsero a sostituirlo, con piena fiducia da parte sua, nella conduzione della casa e del santuario a Cafarnao, quando egli doveva assentarsi per gli scavi altrove o per impegni di scuola nella nostra facoltà. Ciò mi ha permesso di scoprire aspetti intimi della sua personalità e di apprezzare la solidità delle sue convinzioni religiose, la sobrietà del suo stile di vita, la laboriosità e lo spirito di sacrificio.

Sono stato testimone del coraggio e della dignità con cui nel mese di luglio 1991 accolse la notizia sconvolgente del grave male che lo aveva aggredito e che quattro mesi dopo lo avrebbe condotto alla tomba. Ero concelebrante nella Messa del 26 novembre, dieci giorni prima della morte, durante la quale ricevette con profondo raccoglimento l'Unzione degli infermi. Ricordo ancora i lunghi silenzi delle ultime settimane, segno certamente della stanchezza, ma anche della consapevolezza e concentrazione con le quali stava andando incontro al supremo traguardo.

Al ricordo dei lavori pesanti e faticosi che gli avevo visto affrontare fino a pochi mesi prima, la mattina della sua morte il suo volto sereno, disteso e composto nella semplice bara di legno, mi parve come quello di un gigante vinto dal sonno.

Pubblicando nel 1994, con la collaborazione di padre Stanislao Loffreda e di altri confratelli, il volume in sua memoria: *P. Virgilio C. Corbo. Una vita in Terra Santa* (Gerusalemme 1994) – che ora le Edizioni Terra Santa hanno ristampato – abbiamo fatto conoscere aspetti salienti della sua personalità e il valore delle sue ricerche archeologiche e dei suoi scritti. Io stesso ho raccolto e presentato la sua bibliografia completa che ora andrebbe integrata con qualche articolo apparso postumo.

Sul valore della sua attività e delle sue pubblicazioni cito una voce al riparo di ogni sospetto di compiacenza. Padre Jerome Murphy O'Connor, domenicano e professore all'*Ecole Biblique et Archéologique Française* di Gerusalemme, a due anni dalla morte di padre Corbo, scrisse sulla rivista *Biblical Archaeology Review* (vol. 19, 1993, 9-10) diretta da un ebreo americano (Hershel Shanks): "Pochi studiosi possono vantare di aver scavato in così importanti luoghi – come Campo dei Pastori dei Latini, Ascensione sul Monte degli Ulivi, Herodion, Cafarnao, Macheronte, Magdala, Monte Nebo – oltre che informare sulle scoperte fatte da altri al S. Sepolcro durante gli anni di restauro. Per ciascuno di essi egli ha pubblicato una relazione meticolosa". Lo stesso studioso sulla *Revue Biblique* aveva scritto: "Pochi studiosi possono affermare di aver adempiuto il loro dovere verso la comunità degli studiosi pubblicando i rapporti definitivi di tutti i siti scavati. Già solo per questo egli [V. Corbo] merita il più alto plauso. I giovani archeologi non possono desiderare un modello migliore della loro professione" (vol. 98, 1991, 615).

Non è quindi su questo che io mi soffermerò. Parlando di lui ad Avigliano, suo paese natale molti anni fa, e attingendo soprattutto ai suoi scritti editi, cercai di mettere in luce il senso che padre Virgilio dava alle sue fatiche e all'intera sua vita in Terra Santa. Diceva di sé: "Sono nativo della Lucania ed attaccato alla mia terra, ma sono venuto in Palestina da ragazzino, a dieci anni. Nella terra di Gesù ho vissuto una esperienza unica che mi ha fatto comprendere la storia del Cristianesimo e la bellezza del Vangelo. E questa esperienza continua ancora con risvolti, sorprese, scoperte sempre più interessanti: per questo ho deciso di restare sempre in Terra Santa, al servizio del Vangelo e della scienza" (G. C. Bottini, "Per il Vangelo e per la scienza. Il senso di una vita", in "Theologia Viatorum" 1, 1994, 34).

Scrivendo per *Terrasanta* due mesi fa ho avuto la gioia di avere tra le mani le lettere che egli inviava al Custode di Terra Santa da giovane studente qui a Roma, presso il Pontificio Istituto di Studi Orientali. Ho scoperto così qualche momento inedito della sua vita come quando nella primavera del 1948 fu a servizio dei Comitati civici fondati da Luigi Gedda e in abiti civili fu inviato in Toscana a contrastare la propaganda comunista. Da quelle lettere traspirano anche l'entusiasmo e l'amore che lo legavano alla Custodia di Terra Santa, a cui era fiero di appartenere, e la fiducia e il rispetto filiale che aveva per il padre Custode.

Questa volta, prendendo spunto proprio dal novantesimo anniversario della fondazione della rivista, vorrei dire qualcosa sul rapporto di padre Corbo con la rivista *La Terra Santa* di cui fu per molti anni collaboratore e per cinque anni, dal 1950 al 1955, direttore. In questo compito ebbe sempre a fianco come vicedirettore il confratello e amico padre Maurilio Sacchi, futuro Custode di Terra Santa. Con padre Maurilio, che gli successe nella direzione della stessa rivista, realizzò anche alcuni documentari sulla Terra Santa e una fortunata serie di diapositive dal titolo *Cristo nella sua terra*.

La sua collaborazione a *La Terra Santa* data già dal primo numero del 1946, l'anno in cui, dopo una sessennale interruzione causata dalla seconda guerra mondiale, la rivista riprese ad uscire. Padre Corbo iniziò la sua attività di scrittore proprio sulla rivista e un terzo dei suoi articoli è costituito dai contributi apparsi su *La Terra Santa*. Non è qui possibile elencarli tutti, ma si possono facilmente raccogliere intorno a tre centri di interesse.

Il primo centro su cui gravitano gli articoli sono i monasteri del deserto di Giuda. Ne ho contati quattordici e, eccetto pochi casi, presentano tutti esplorazioni in superfice, oppure veri e propri scavi da lui praticati nelle località con resti monastici di epoca bizantina. Padre Corbo si muoveva a suo agio nel Deserto di Giuda e con alla mano il celebre libro di Cirillo di Scitopoli (*Storie monastiche del deserto di Gerusalemme*) e altri scritti di monaci contemporanei identificava ed esplorava laure, cenobi ed eremitaggi fornendone documentazione fotografica, piante e disegni di dettagli.

Il frutto migliore di queste fatiche e ricerche giovanili confluì nel grosso volume *Gli scavi di Khirbet Siyar el Ghanam (Campo dei Pastori) e i monasteri dei dintorni*, pubblicato nella serie maggiore dello *Studium Biblicum Franciscanum* nel 1955. Il loro valore è confermato da recenti studi di archeologi israeliani che interessandosi dei monasteri del deserto di Giuda citano gli articoli di Corbo e attingono alle informazioni da lui fornite.

La passione per queste ricerche, come quella per l'archeologia, gli era venuta dal contatto prolungato con padre Bellarmino Bagatti durante gli anni 1941-1943 in cui tutti i frati italiani presenti in Terra Santa furono internati dal governo locale inglese nel convento di Emmaus el-Qubeibeh. Nel periodo immediatamente successivo visse con padre Bagatti nel convento della Flagellazione e a stretto contatto con lui. Nell'Archivio dello *Studium Biblicum Franciscanum* si conserva un quaderno manoscritto con il «Resoconto delle Escursioni» fatte negli anni 1944-1946; ben dodici relazioni di visite ai monasteri nel deserto di Giuda sono scritte da padre Corbo. Nel volume in sua memoria ricordato prima ne abbiamo pubblicato qualcuna scelta tra le più avventurose e spericolate.

Il secondo polo intorno a cui si possono raccogliere gli articoli scritti da padre Virgilio per *La Terra Santa* è formato dai santuari e dalla documentazione storica riguardante la Custodia di Terra Santa. A volte sono brevi note sui restauri effettuati nei santuari, o sulle opere d'arte che vi si trovano. Al riguardo, notevole è l'incarico che ebbe nell'organizzazione della Mostra d'arte della Custodia di Terra Santa a Roma nell'ambito dell'Esposizione missionaria per l'anno santo 1950 e di cui diede conto più volte sulla rivista. Altre volte trattò di personaggi illustri che hanno avuto a che fare con la Terra Santa o di cimeli e documenti storici conservati nella Custodia. Conosceva la storia della Custodia di Terra Santa e non senza ragione gli fu affidata la cura del volume commemorativo del sesto centenario della sua fondazione (1342-1942), uscito in ritardo (nel 1951) a causa della seconda guerra mondiale e poi della prima guerra arabo-israeliana.

In un altro numero consistente di articoli, padre Corbo presenta con linguaggio accessibile al grande pubblico dei lettori della rivista i risultati delle campagne di scavi archeologici. Molto spesso si tratta di vere e proprie primizie, perché i contributi su *La Terra Santa* precedono gli articoli scientifici e i rapporti tecnici veri e propri degli scavi. Così egli fece per gli scavi presso l'Ascensione sul Monte degli Ulivi e al Getsemani, alla fortezza erodiana dell'Herodion, al Santo Sepolcro, a Cafarnao e Magdala.

Gli articoli di Corbo e di altri archeologi dello *Studium Biblicum Franciscanum* sulla rivista in quegli anni attirarono anche l'attenzione degli studiosi, al punto che *La Terra Santa* veniva segnalata nei repertori bibliografici specializzati per la storia, la geografia e l'archeologia delle terre bibliche.

In questa rapida rassegna non ho tenuto conto degli interventi che egli firmava semplicemente con l'indicazione Direzione o Redazione. Ho tuttavia l'impressione che un'indagine al riguardo confermerebbe quanto si è rilevato per gli articoli.

Padre Corbo scriveva con uno stile scorrevole e asciutto, com'era anche il suo carattere, che non amava fronzoli o ridondanze. All'interpretazione dei dati preferiva l'esposizione accompagnata sempre da disegni e immagini che per lui erano più eloquenti delle parole.

Di lui mi colpiva sempre la resistenza al lavoro manuale e la capacità di mettersi a disegnare e scrivere dopo giornate faticosissime passate nello scavo e nei restauri. Chi conosce Cafarnao sa quanto caldo e umido sia il suo clima e cosa significhi lavorare a duecento metri sotto il livello del mare. Mi pare di poter dire che uno dei segreti della sua resistenza ed efficienza era l'ordine in tutto e la fedeltà a un sistema di vita semplice e sobrio, scandito dalla preghiera al mattino e alla sera, dal lavoro, dai pasti e dal riposo notturno. A Cafarnao, dove ha vissuto per oltre vent'anni, non c'era televisione; si andava a letto per tempo e ci si alzava presto! Ordinato e deciso personalmente in tutto, chiedeva anche agli altri che le cose fossero in ordine dentro casa e fuori.

Questo probabilmente lo faceva risultare duro e persino burbero. Certo, padre Virgilio aveva le sue idee, era pronto a difenderle e a volte si sfogava anche con qualche parola grossa, pur non essendo generalmente di molte parole. Era cosciente dei suoi limiti e riteneva di non essere fatto per le pubbliche relazioni e neppure per alcuni incarichi, come quello di superiore di comunità. Per obbedienza fu superiore al Getsemani per un triennio e, scherzandoci sopra, diceva che il padre Custode di allora gli rimproverava di non avere viscere materne per i frati della comunità!

Quando era in gioco la difesa dei santuari o dei diritti della Custodia di Terra Santa, tirava fuori gli artigli e diventava inamovibile, come una roccia. Solo pochi hanno saputo delle molteplici difficoltà che la Custodia di Terra Santa, e lui in prima fila, dovettero superare perché sulla Casa di Pietro fosse edificato il Memoriale a protezione delle rovine e a servizio dei pellegrini che desiderano sostare in preghiera e celebrare l'Eucaristia. Per impedirlo gli oppositori ricorsero perfino in Vaticano e fu mons. Giovanni Fallani (†1985), presidente della Pontificia commissione centrale per l'arte sacra in Italia, che intervenne per una soluzione positiva. Molti hanno criticato la struttura per varie ragioni. Posso dire che l'edificio alla fine non piaceva neppure a lui, ma solo quel progetto, dopo lungaggini e ostacoli di ogni genere, aveva ricevuto l'approvazione di tutti gli enti coinvolti, e ricominciare daccapo le trattative sarebbe stato impensabile.

A proposito di Cafarnao, sia negli scavi che nelle varie iniziative, per oltre vent'anni, padre Virgilio ha avuto come intimo collaboratore e amico padre Stanislao Loffreda.

A padre Virgilio si adattava perfettamente quanto era solito dire l'*abbé* Omer Englebert, forbito scrittore francese vissuto e morto pochi anni fa a Gerusalemme, sul Monte degli Olivi: i francescani di Terra Santa non sono tutti aquile, ma diventano tutti dei leoni quando si tratta di difendere i Luoghi Santi.

Concludo: era lontana da me la pretesa di fare un ritratto di padre Virgilio Corbo; spero però di aver tracciato alcuni lineamenti reali di questo confratello, il cui ricordo mi è caro e mi tiene tuttora buona compagnia.

Ho saputo giorni fa che anche i suoi concittadini ad Avigliano, in Basilicata, si preparano a commemorarne il ventesimo anniversario della morte. Vedendo poi voi qui uniti in questa memoria, mi sento non solo confortato, ma pure autorizzato a dire che il ricordo di padre Virgilio è ancora vivo, e una benedizione per molti. Faccio pienamente mie le parole di padre Loffreda riprodotte sulla quarta pagina di copertina del volume su padre Corbo ristampato dalle Edizioni Terra Santa: "Padre Virgilio non è scomparso. Egli è presente nei luoghi che ha scavato, è presente nei musei, è presente nelle biblioteche, ma soprattutto è presente dovunque c'è al mondo un aviglianese; è presente in una schiera di confratelli e ammiratori che trasmettono con entusiasmo il suo spirito, la sua grinta, la sua fede, e in modo particolare il suo amore per la Terra Santa, dove trascorse tutta la vita. Sì, il suo amore per la Terra Santa: questa è la più preziosa eredità che ci ha lasciato".

LA TERRA SANTA

GERUSALEMME:
Seconda stazione della Via Crucis

LA
TERRA SANTA

**PUBBLICAZIONE MENSILE
DELLA CUSTODIA
FRANCESCANA**

ANNO XXI   N. 1
MAGGIO — GIUGNO 1946

GERUSALEMME
Tip. dei PP. Francescani

Paolo Pieraccini

Il custodiato di Ferdinando Diotallevi (1918-1924) e la nascita della rivista *La Terra Santa* (15 gennaio 1921)

Nascita della rivista *La Terra Santa* (15 gennaio 1921)

Padre Ferdinando Diotallevi fu, senza alcun dubbio, il principale artefice del grande risveglio di attività che caratterizzò la Custodia di Terra Santa nel primo dopoguerra[1]. Una delle espressioni del suo dinamismo e della sua lungimiranza fu la fondazione della rivista *La Terra Santa*. Il 2 dicembre 1920, nell'intento di sollecitare la collaborazione del celebre storico francescano Girolamo Golubovich, gli annunciò che a gennaio sarebbe iniziata la pubblicazione di "un modestissimo periodico mensile" in tre lingue. Egli mostrava prudenza, ma anche una certa ambizione per il futuro di questo suo progetto: "Se Dio vorrà ed i buoni la sosterranno, [questa rivista] potrà svilupparsi in seguito, ma per ora è meglio incominciare dal piccolo: il crescere è onore, il decrescere, vergogna"[2]. Quattro giorni dopo rendeva noto il suo proposito anche al ministro generale Serafino Cimino per chiederne la "paterna benedizione": il "modestissimo periodico" nasceva con l'intenzione di "volgarizzare la conoscenza" della Terra Santa: "È piccola cosa" precisava Diotallevi; "ma si nasce sempre piccoli; se poi non si muore si crescerà"[3].

Diotallevi aveva inviato a Golubovich anche il "Proclama del periodico": *La Terra Santa* nasceva perché "da ogni parte ed insistentemente" venivano chieste

---

[1] Diotallevi non avrebbe potuto conseguire i risultati che si era prefisso senza la collaborazione dei suoi religiosi, da lui tenuti costantemente sotto pressione. È indicativo, a questo proposito, quanto affermò padre Eutimio Castellani descrivendo l'abituale atteggiamento del suo superiore, del quale era molto spesso il primo a fare le spese: "Quando il P. Custode sta in S. Salvatore sembra che la mattina le pensi tutte per occupare i Frati nella giornata!". *Archivio del Centro Francescano di Studi Cristiani Orientali* (AFCCOS), *Archivio personale di Girolamo Golubovich* (AGG), box 25, Castellani a Golubovich, Gerusalemme, 19 settembre 1921.

[2] AFCCOS, AGG, box 22, Diotallevi a Golubovich, Gerusalemme, 2 dicembre 1920.

[3] *Archivio Centrale della Custodia di Terra Santa* (ACTS), *Ministro generale (1913-1921)*, Diotallevi a Cimino, Gerusalemme, 6 dicembre 1920, 336.

notizie alla Custodia sui "venerandi santuari della nostra Redenzione [...] patrimonio di tutti i credenti". Molti fedeli domandavano notizie sui Luoghi Santi e sulla "vita" del cattolicesimo in Palestina. Diotallevi pensava di aver trovato la giusta soluzione per soddisfare queste richieste:

> La pubblicazione in testo unico verrà redatta nelle lingue italiana, francese e spagnola ed uscirà in fascicolo di pagine 16 con altre quattro di copertina. Conterrà articoli dottrinali, storici ed illustrativi dei Santuari; l'eco delle Missioni della Palestina, Egitto, Siria, Armenia, Cipro; la cronaca dei Santuari, non trascurando quel genere di varietà che è indispensabile ad un periodico sanamente moderno. La valentia e lo zelo dei collaboratori ai quali abbiamo affidato l'incarico è garanzia che il periodico nella sua modestia saprà assolvere il compito da lungo tempo desiderato ed aspettato.

Il prezzo dell'abbonamento annuo sarebbe stato di sette franchi. I Commissari della Custodia sparsi per il mondo e tutti coloro che amavano i francescani e le loro opere religiose, educative e assistenziali in Oriente erano vivamente pregati di far conoscere il periodico e di "diffonderlo largamente perché se vi è stato momento in cui era necessari[a] la conoscenza di Terra Santa, questo è il supremo"[4].

Golubovich, con la presunzione derivatagli dall'aver fondato la prestigiosa rivista scientifica dell'Ordine dei frati minori – l'*Archivum Franciscanum Historicum* – espresse seri dubbi sul progetto del Custode:

> Voglio sperare che [il periodico] sia ben redatto e che abbia lunga vita. Se non che, un presentimento mi dice [...] che tre edizioni sono troppe e per giunta mensili! Avrei suggerito [...] un periodico trimestrale o semestrale, e quindi di maggior mole, per risparmiare il tempo che si perde nella spedizione ecc. Tre edizioni mensili richiederanno enorme dispendio di tempo, di spese postali, ecc. Io avrei preferito di imitare in tutto il periodico americano del Commissariato di Washington, che esce annualmente, e di tanto in tanto manda fuori de' fascicoli illustrati su la Terra Santa. Il popolo cattolico, il popolo d[e]voto, meno poi il ceto colto, non si adatterà a leggere mensilmente cose di T. S., salvo che il periodico contenga [...] pregevoli notizie, varie, interessanti e istruttive[5].

---

4 Documento allegato alla citata lettera di Diotallevi a Golubovich del 2 dicembre 1920, conservata in AFCCOS, AGG, box 22.

5 Cfr. il *Diario* manoscritto di Golubovich, per il momento ancora inedito, conservato in AFCCOS, AGG, box 39.

Queste perplessità furono smentite nel volgere di un anno. Come il Custode stesso aveva auspicato, la rivista fu potenziata e furono apportati ad essa alcuni "miglioramenti". Le pagine passarono da 16 a 24: il programma però non mutò di molto:

> Diffusione sempre più larga della conoscenza e conseguente rievocazione dei ricordi più dolci e inebrianti del paese di Gesù. [...] Solamente, venendo a toccare [...] i misteri della Redenzione e dei luoghi nei quali ebbero il loro svolgimento, ci riserbiamo il diritto di riassumere i primi alla luce della fede cattolica e di tratteggiare i secondi con riferimento al passato e al presente, nulla dissimulando, senza paure e senza infingimenti.

Uno dei "compiti fondamentali" del periodico sarebbe stato interessarsi allo "studio degli abitanti e dei costumi della Palestina". Sarebbero continuate la "Cronaca palestinese", le recensioni di libri su questioni attinenti la Terra Santa e la "cronologia", contenente "esaurienti notizie su tutte le missioni" della Custodia[6].

La Terra Santa di Diotallevi e i suoi precursori

Quella della fondazione della rivista fu solo uno dei tanti progetti usciti dalla fervida mente di Diotallevi nei mesi che seguirono il suo arrivo a Gerusalemme (15 febbraio 1917); un'idea originale, che non aveva precedenti nella storia della Custodia. Erano già sorti, è vero, alcuni periodici di analoga impostazione. Uno di questi, *La Terre Sainte*, era apparso per la prima volta a Parigi il 15 luglio 1875 su iniziativa dell'abate Augustin Albouy, canonico di Smirne e cavaliere del Santo Sepolcro. Bimensile di sedici pagine, esso si presentava come un "organe dévoué aux œuvres Catholiques de l'Orient" e come "journal des Lieux Saints et [...] [d]es principaux Sanctuaires du monde catholique". Si avvaleva di esperti collaboratori – alcuni dei quali residenti in Terra Santa – e di sporadici contributi di orientalisti e archeologi di grande fama. Era corredato da artistiche incisioni di santuari, di paesaggi, figure bibliche e importanti personalità ecclesiastiche. Oltre che ai Luoghi Santi e ai pellegrinaggi, dedicava molta at-

---

6 *La Terra Santa* II (1922) 181-182. Il 1922 fu anche l'anno in cui Diotallevi riuscì a varare l'altro progetto editoriale per "divulgare la Custodia", al quale pensava fin dalle prime settimane del 1919: un "Almanacco" di 150 pagine nelle solite tre lingue, destinato ad accogliere "piccoli articoli e notizie di Santuari e dell'operato dei Francescani". AFFCOS, AGG, box 22, Diotallevi a Golubovich, Gerusalemme, 27 agosto 1919 e 2 luglio 1920. Il primo numero raccolse il plauso dell'ipercritico Girolamo Golubovich: L'*Almanacco di Terra Santa* "riuscì splendido e gradito sotto ogni rapporto. L'anno prossimo bisogna stamparne almeno 100.000 [copie]! I Commissari di T[erra] S[anta] ne sono fanatici". ACTS, *Fondo Architetti e Scrittori, Serie: Golubovich*: Golubovich a Diotallevi, Firenze (Borgognissanti 32), 16 gennaio 1922.

tenzione al cristianesimo orientale, senza trascurare gli usi e costumi della popolazione ebraica ed islamica locale. Trattava anche di archeologia ed etnografia e non mancava nemmeno una rubrica sulle specie animali della regione. Si occupava infine di raccogliere offerte in favore dei santuari e di specifiche opere educative e assistenziali e promuoveva i pellegrinaggi e l'opera di colonizzazione agricola della Terra Santa. Non a caso essa divenne organo ufficiale del *Comité Supérieur des Œuvres Catholiques de la Palestine (colonisation et pèlerinages)*; un'organizzazione che vantava tra i suoi soci personalità del calibro dell'ingegner Ermete Pierotti[7] e di Felix de Saulcy, archeologo biblico e senatore della Repubblica francese.

Il 1° giugno 1876 apparve a Firenze anche *La Terra Santa*, un periodico nato su iniziativa di alcuni intellettuali ed ecclesiastici locali fondatori della Pia Società per i Pellegrinaggi. Esso era diretto da Niccolò Martelli e modellato – nel formato, come negli scopi e negli argomenti – sulla parigina *La Terre Sainte*. Gli stessi redattori della *Terra Santa* di Diotallevi definirono un "illustre predecessore" il periodico fiorentino. Però ambedue queste riviste ottocentesche non erano emanazione della Custodia. Piuttosto, esse nascevano per iniziativa di personalità laiche e religiose europee, mosse da particolare interesse per i Luoghi Santi. Anzi, forse non a caso, *La Terre Sainte* sorgeva mentre il governo di Parigi portava l'attacco più deciso ed efficace all'opera dei francescani in Palestina. In quegli anni la Santa Sede stava infatti consentendo per la prima volta a un gran numero di istituti religiosi (in gran parte francesi) di stabilirsi in Terra Santa, per dedicarsi ad attività fino allora di esclusiva competenza della Custodia; e non mancarono, sulla rivista parigina, gli articoli o le omissioni che suscitarono una certa irritazione nei frati minori. Si trattava della flebile anticipazione di una vera e propria offensiva all'autenticità dei santuari in mano ai frati della Custodia, portata negli anni successivi da riviste, opere di carattere archeologico e guide turistiche edite proprio da alcune Congregazioni francesi da pochi anni attive in Palestina.

Neanche il periodico fortemente voluto dal Custode Roberto Razzoli (1905-1913)[8] – il *Diarium Terrae Sanctae* – può considerarsi a pieno titolo un antesi-

---

[7] Colui che per primo esplorò i sotterranei della spianata del Tempio a Gerusalemme, redigendo clandestinamente una serie di preziosissime mappe che pubblicò in un volume dal titolo *Jerusalem Explored*, London, Bell and Daldy, 1864.

[8] Roberto Achille Razzoli (1863-1925) nacque a Villafranca (Lunigiana) il 29 gennaio 1863, vestì l'abito religioso il 29 agosto 1879 nella provincia toscana di San Bonaventura e fu ordinato sacerdote il 9 agosto 1885. Lettore generale di sacra eloquenza dal 1890, prima di divenire Custode di Terra Santa esercitò la carica di segretario (1898-1904), definitore (1901-1904) e ministro provinciale di San Bonaventura (luglio 1904-agosto 1905). Razzoli venne nominato Custode dal Definitorio generale dell'Ordine il 19 novembre 1905, giunse a Gerusalemme il 21 gennaio successivo e governò sette anni (fino al 16 gennaio 1913), perché a causa della guerra italo-turca il suo successore Onorato Carcaterra giunse in Terra Santa nove mesi dopo la sua nomina. Fu in seguito consa-

gnano di quello di Diotallevi. È pur vero che il *Diarium* – differentemente dalle riviste sopra descritte – nacque in seno alla Custodia. Esso però fu soprattutto il prodotto della raffinata cultura di Razzoli – fondatore e primo direttore della rivista della sua provincia, "Luce e Amore"[9] – e terminò non a caso con la fine del suo custodiato[10]. Il *Diarium* non corrispondeva certo all'obiettivo di far conoscere la Terra Santa nel "modo semplice e popolare" prefissosi da Diotallevi[11]. Negli intendimenti di Razzoli, la rivista avrebbe dovuto servire soprattutto come fonte privilegiata dei bollettini redatti dai Commissariati di Terra Santa per facilitare la raccolta delle elemosine tra i fedeli sparsi per il mondo. Si trattava di un periodico trimestrale in lingua latina di una sessantina di pagine in media, dedicato all'attività passata e presente dei francescani in Levante. Razzoli aveva pensato alla sua fondazione fin dai primi mesi del suo custodiato, come dimostra il fatto che già nell'agosto 1906 aveva ordinato a tutti i superiori della Custodia di "prendere nota dei principali e più importanti avvenimenti e d'inviare ogni mese alla Segreteria Custodiale in Gerusalemme le notizie [...] più importanti circa le case, le parrocchie, le scuole e le opere di carità per dare materia da inserire nel *Diarium Terrae Sanctae*"[12].

La rivista era divisa in tre sezioni, la prima delle quali conteneva documentazione storica tratta dall'archivio centrale della Custodia, la seconda notizie

---

crato vescovo di Potenza e Marsico Nuovo (settembre 1913), carica che mantenne fino alla morte, avvenuta il 28 aprile 1925. Fu poeta – compose tra l'altro il testo dell'inno di Terra Santa – e autore di diversi saggi sui monumenti di Firenze e dintorni, tra i quali uno sulla chiesa e gli affreschi di Ognissanti (fu tra l'altro lo scopritore della Pietà del Ghirlandaio). Pubblicò anche la *Vita compendiosa del beato Teofilo da Corte, dell'Ordine dei Minori*, Quaracchi, Tip. Collegio S. Bonaventura, 1896; una *Vita di S. Antonio da Padova*, Firenze, Tip. Ariani, 1898 e il volume *I francescani in Oriente*, Gerusalemme, Tip. di Terra Santa, 1909. Ebbe anche stretti contatti con Paul Sabatier, a cui permise perfino di consultare lo *Speculum perfectionis* conservato nell'archivio del convento di Ognissanti a Firenze; un documento di fondamentale importanza per la tanto celebrata e discussa biografia su San Francesco edita dallo scrittore protestante a Parigi nel 1894.

  [9] In veste di primo direttore di *Luce e Amore*, Razzoli raccolse i complimenti di Paul Sabatier, che leggeva la rivista "avec le plus vif intérêt e gran profit" e la riteneva di "réelle importance scientifique". Cfr. *Archivio del Centro Studi sulla Storia del Modernismo* (ACSM), *Archivio personale di Paul Sabatier* (APS), b. 28, fasc. 4, Sabatier a Razzoli, Assisi, 6 aprile 1905.

  [10] Il primo numero del *Diarium* uscì il 1° marzo 1908 e l'ultimo il 15 settembre 1912.

  [11] Lo dimostra tra l'altro una lettera di Diotallevi a Golubovich del 10 marzo 1921, quando i francescani cercavano di far valere le loro istanze in materia di Luoghi Santi a livello internazionale. Qualche frate aveva avanzato la proposta di pubblicare su *La Terra Santa* un "Regesto dei [...] firmani" concessi alla Custodia dalle autorità musulmane, comprovanti i diritti cattolici nei santuari: Diotallevi aveva risposto che, siccome il periodico era di carattere "popolare", la pubblicazione non sarebbe stata apprezzata dalla maggior parte dei lettori: "Mi parrebbe meglio si pubblicasse nell'*Archivum Franciscanum Historicum*; ovvero sulla rivista a carattere scientifico dell'Ordine dei frati minori. Cfr. AFCCOS, AGG, box 22. Al contrario, sarebbe stato del tutto naturale far apparire una pubblicazione di tal genere sul *Diarium* di Roberto Razzoli.

  [12] Cfr. R. ATTARD, *I miei cinquant'anni di vita religiosa nella Custodia di Terra Santa, 1885-1935* (memorie inedite conservate nell'archivio del convento della Custodia di Terra Santa al Muski, Il Cairo), AFCCOS, AGG, box 27, 92.

provenienti dalle parrocchie e dalle istituzioni educative e assistenziali francescane d'Oriente e la terza soprattutto informazioni sui santuari, necrologi, bi-
bliografie e recensioni. Nella prima sezione – dal taglio eminentemente scientifico – appariva documentazione di grande significato, in particolare alcune
relazioni dei custodi, il *Martyriologium Terrae Sanctae* e le bolle emanate dai
pontefici a favore della Custodia, corredate da un corposo apparato di note.
Della seconda parte sono soprattutto da segnalare le relazioni dei missionari
francescani d'Armenia, in particolare sui massacri e sulle vessazioni di cui furono testimoni e vittime essi stessi assieme ai loro fedeli. La qualità e la quantità delle notizie fornite dal *Diarium* non tardarono a suscitare l'interesse nel
pontefice, che volle onorare il periodico di un breve elogiativo datato 12 dicembre 1909[13].

Un abile superiore per la Custodia di Terra Santa: padre Ferdinando Diotallevi (1918-1924)

Alla fine del 1917, vista la necessità di gestire la ricostruzione dai gravi
danni della guerra e la complessa situazione politico-diplomatica di transizione
dal potere islamico degli ottomani a quello cristiano (anglicano) dei britannici,
la Curia generalizia dei frati minori e la Congregazione di *Propaganda Fide*
ponderarono attentamente la scelta del nuovo Custode di Terra Santa. Questo
religioso sarebbe stato chiamato a governare un'istituzione importante, che da
sei secoli officiava i Luoghi Santi e gestiva innumerevoli istituzioni religiose,
educative e assistenziali in un ampio territorio orientale che andava dall'Armenia al basso Egitto, passando per la Siria, il Libano, Cipro e la Palestina; un'istituzione che, tra l'altro, dal settembre 1915 al febbraio 1918 – in seguito alla
nomina del Custode Serafino Cimino a ministro generale e all'impossibilità di
inviare in Terra Santa un nuovo superiore per via delle vicende belliche – era
stata governata da delegati o da presidenti custodiali non sempre all'altezza di
gestire le delicate e difficili situazioni determinate dalla guerra.

La scelta cadde sul frate marchigiano Ferdinando Diotallevi († 1958). Nato
il 2 settembre 1869 a Montemarciano (Ancona), Diotallevi aveva vestito l'abito
religioso nella provincia osservante lauretana il 27 novembre 1884. Ottenuto il
lettorato generale in filosofia e teologia (1891), era stato ordinato sacerdote a
Cagliari il 12 marzo 1892. In Sardegna era rimasto a lungo, dedicandosi all'insegnamento ed esercitando – a dimostrazione del suo precoce amore per la
Custodia – la carica di Commissario di Terra Santa. Inoltre, nella sua veste di
consigliere della provincia sarda aveva offerto un contributo importante al risorgere del francescanesimo sull'isola, ancora prostrato dagli effetti delle sop-

---

[13] Cfr. *Acta Apostolicae Sedis* II (1910) 9.

pressioni italiane del 1866. Ritornato nelle Marche nel 1907, fu nominato superiore della missione francescana di Costantinopoli (1910-1913) e in seguito
ministro della sua provincia (1914-1917). Eletto Custode nella seduta definito-
riale del 31 dicembre 1917, giunse ad Alessandria d'Egitto il 13 febbraio 1918
dove – grazie a speciali facoltà concessegli da *Propaganda Fide* – poté esercitare subito le sue funzioni. Rimase in carica fino al 13 agosto 1924, nei difficili
anni che videro l'occupazione inglese trasformarsi in amministrazione mandataria e la popolazione araba insorgere contro l'immigrazione ebraica. Dovette
tra l'altro affrontare i gravi problemi finanziari della Custodia, quelli della ricostruzione delle sue istituzioni dalle distruzioni del conflitto, quelli politico-di-
plomatici legati al protettorato religioso e alla salvaguardia dei diritti cattolici
nei Luoghi Santi, le controversie con il Patriarcato latino e i rapporti con le
autorità britanniche e francesi che esercitavano il controllo su gran parte dei
territori d'Oriente sui quali i francescani esercitavano da secoli la missione.

Non era un caso se Diotallevi, a conclusione del "Proclama del periodico",
aveva accennato al delicato momento storico vissuto in quei mesi dalla Palestina e dall'Oriente più in generale. La grande guerra aveva messo a dura prova i
frati della Custodia, non pochi dei quali erano stati costretti a lasciare la Terra
Santa perché appartenenti a nazionalità in confitto con la Turchia. Molte delle
istituzioni scolastiche e assistenziali erano state requisite, depredate delle sup-
pellettili e lasciate in condizioni deplorevoli dall'esercito turco in ritirata. Diotallevi trovò una situazione difficile da gestire. Buona parte di quelle istituzioni
dovevano essere parzialmente o interamente ricostruite e rifornite del materiale
trafugato, se la Custodia voleva riprendere a erogare i tanto apprezzati servizi
educativi, pastorali e di beneficenza. Non era un obiettivo facile da raggiungere,
visti i pesanti debiti contratti dalla Custodia nel corso del conflitto[14] e il numero
insufficiente di frati rimasti a disposizione del Custode. La guerra aveva inoltre
creato nuovi bisogni nella popolazione locale (aumento degli orfani, indigenza
di molti fedeli ecc.). Anche la complessa transizione verso un assetto geo-poli-
tico completamente nuovo rendeva più difficile e pericolosa l'opera missionaria
francescana in alcune regioni d'Oriente.

L'ingresso delle truppe britanniche a Gerusalemme (9 dicembre 1917) aveva
ingenerato grandi aspettative nei religiosi. Per la liberazione della Galilea e

---

[14] A poco erano serviti i denari inviati nel corso del conflitto dalla Spagna e quelli più cospicui
dei Commissariati di Terra Santa di Washington e delle potenze centrali. Diotallevi parla di un de-
bito di un milione di franchi oro in totale. AGOFM, SK 628, *Terra Santa Custodia (1918-1919)*,
vol. 34, Diotallevi a Cimino, 6 marzo 1918, 66. Da un dettagliato resoconto delle spese degli anni
1915-1918 fornito dalla Custodia alla Curia generalizia, risulterebbe un deficit di 757.798 franchi
oro contratti soltanto a Gerusalemme. Ad essi ne andavano sommati altri 100.000 per la Galilea e
una somma, all'epoca ancora sconosciuta, per la Siria e l'Armenia. Cfr. AGOFM, SK 628, *Terra
Santa Custodia (1918-1919)*, vol. 34, "Prospetto dell'amministrazione di Terra Santa per gli anni
1915-1916-1917-1918", sottoscritto dal Discretorio il 17 luglio 1919, 387.

della Siria sarebbe stato necessario ancora un anno, ma gran parte dei Luoghi Santi era stata liberata dalla tutela musulmana che li aveva soffocati per secoli. Tutti i santuari cattolici erano "salvi e intatti"[15]. Però un problema inquietava i francescani e le gerarchie vaticane. Nel corso della guerra i britannici avevano compreso l'importanza strategica della Palestina e intendevano rimetterne in discussione l'internazionalizzazione prevista dagli accordi franco-inglesi del 1916 sulla spartizione dell'Impero ottomano. Uno dei pretesti utilizzati per perseguire quest'obiettivo fu la cosiddetta "Dichiarazione Balfour" del 2 novembre 1917, secondo la quale la Gran Bretagna si impegnava a favorire la nascita di un focolare nazionale per il popolo ebraico in Palestina. Nel volgere di pochi mesi il governo di Londra riuscì a far riconoscere queste sue pretese a Italia e Francia, le uniche potenze europee rimaste in lizza dopo la rovinosa caduta degli imperi russo, asburgico e tedesco. Alla conferenza di Sanremo (aprile 1920) il governo di Londra ottenne il mandato sulla regione, il cui documento istitutivo incorporava la Dichiarazione Balfour. In quella sede, inoltre, la Francia rinunciò al suo secolare protettorato religioso, lasciando ai cattolici l'onere di difendere direttamente, presso le autorità civili, i loro diritti religiosi e le prerogative acquisite in lunghi secoli di dominazione musulmana.

Il sogno di una Palestina internazionalizzata a garanzia dei Luoghi Santi era definitivamente tramontato. La più importante potenza coloniale del mondo era ormai entrata saldamente in possesso della regione. Una delle principali finalità del mandato – guardata con grande ostilità dai cristiani locali – era favorire l'insediamento di una popolazione ebraica nella regione. Come se non bastasse, la Gran Bretagna pareva mostrare poca simpatia nei confronti del cattolicesimo; molta sembrava manifestarne invece verso le comunità religiose più inclini a favorire i suoi disegni egemonici nella regione, prima fra tutte quella greco-ortodossa.

I cattolici di rito latino in Palestina al termine della prima guerra mondiale

Quando Diotallevi giunse a Gerusalemme, la Custodia di Terra Santa vantava sei secoli di vita e per oltre cinque aveva costituito il fulcro della comunità cattolica locale. Solo da pochi decenni questa comunità aveva mutato fisionomia: dal quattordicesimo secolo alla metà dell'Ottocento il Custode di Terra Santa era stato il solo responsabile della missione e i francescani l'unico istituto religioso cattolico di rito latino presente in Palestina. Nel luglio 1847 la Santa Sede aveva ristabilito il Patriarcato latino di Gerusalemme, con giurisdizione su Palestina, Transgiordania e Cipro. La prefettura apostolica istituita da *Pro-*

---

[15] AGOFM, SK 628, *Terra Santa Custodia (1918-1919)*, vol. 34, Diotallevi a Cimino, 6 marzo 1918, 65.

paganda Fide nel terzo decennio del Seicento – a capo della quale era sempre rimasto il Custode di Terra Santa – veniva sostituita da una diocesi governata da un vescovo dotato del titolo onorifico di patriarca. Dopo pochi decenni questo prelato si era trovato a esercitare la giurisdizione su un gran numero di congregazioni maschili e femminili, gran parte delle quali composte da religiosi di nazionalità francese e italiana.

Al termine della prima guerra mondiale la situazione della diocesi patriarcale latina di Gerusalemme era piuttosto critica, anche se le vicende belliche non avevano intaccato nel profondo le sue fiorenti istituzioni religiose, educative e assistenziali. Gli abitanti della regione erano circa 700.000, di cui 538.000 musulmani, 80.000 ebrei e 82.000 cristiani. I greco-ortodossi erano 40.000 e i protestanti 5.000, mentre armeni, siro-giacobiti, copti e abissini assieme non raggiungevano le duemila unità. I cattolici erano 35.000[16], in gran parte latini e melchiti (trascurabile la presenza di armeni, copti e siriani cattolici)[17].

Il Patriarcato latino – formato da un clero in gran parte arabo – all'epoca aveva 26 parrocchie o missioni[18], nove delle quali in Transgiordania. Diverse di esse non erano più servite dai rispettivi sacerdoti, dato che una decina di essi

[16] Secondo Diotallevi questa cifra – risultato di un censimento ottomano d'anteguerra – è stimata in eccesso. I cattolici di rito latino in Palestina, a dire del Custode, erano 17.000, 14.000 dei quali amministrati spiritualmente e sostenuti materialmente dalle parrocchie affidate ai francescani e il resto dal Patriarcato latino di Gerusalemme e dalla piccola parrocchia carmelitana di Haifa. Cfr. *Archivio della Congregazione per l'Evangelizzazione dei Popoli o de Propaganda Fide* (ACPF), *Acta*, vol. 291 (1920), Congregazione generale del 14 giugno 1920: "Relazione con sommario circa la situazione religiosa delle Missioni di Palestina" (ponenza card. Michele Lega), 275v.

[17] *Archivio della Congregazione per gli Affari Ecclesiastici Straordinari* (AES), *Asia, Africa e Oceania* (1903-1922), fasc. 53, memorandum di Louis Massignon sulla "Situation actuelle de l'Église Catholique en Palestine", s.l., 3 novembre 1918. A Gerusalemme, secondo Massignon, c'erano 5.227 cattolici (in gran parte latini) e 5.705 ortodossi. A Betlemme, Beit Jalah e Beit Sahur c'erano nel complesso 15.000 cristiani e 1.500 musulmani. I musulmani della Città Santa, come quelli di Giaffa, Ramleh e Lydda erano ben disposti verso i cristiani, "avec lesquels sont habituées à avoir des relations". Nablus e Hebron, invece, erano unanimemente considerati dei "centres fanatiques". Cfr. *Archivio Storico del Ministero degli Affari Esteri Francese* (AMAEF), *Turquie, Syrie-Palestine*, vol. 877, "Notes sur les populations de Palestine", documento annesso al disp. n. 255, Jules-Albert Defrance a Briand, Il Cairo, 7 maggio 1917.

[18] Nelle relazioni inviate dal Patriarcato latino di Gerusalemme a *Propaganda Fide* dopo il primo conflitto mondiale si parla in genere di 28 o 30 missioni. Statistiche ufficiali dello stesso Patriarcato parlano dell'esistenza di 28 parrocchie prima della guerra, dieci delle quali istituite dal primo patriarca mons. Giuseppe Valerga: Beit Jalah (1853), Jifneh (1856), Ramallah (1857), Lyddah (1857), Bir Zeit (1858), Beit Sahur (1859), Taybeh (1860), Nablus (1862), Giaffa di Galilea (1862) e Salt oltregiordano (1866). Il secondo patriarca Vincenzo Bracco ne aveva invece fondate 13; sette in Transgiordania – Ermemin (1873), Fehis (1874), Kerak (1875), Madaba (1880), Hosson (1885), Ajlun (1889) e Anjarah (1889) – e sei a ovest del Giordano: Reneh (1878), Rafidiah (1879), Shefamar (1879), Gaza (1880), Ain Arik (1882), Zababdeh (1883). Il quarto patriarca Filippo Camassei ne aveva invece istituite quattro ad occidente del fiume Giordano – Abussenan (1906), Burka (1908), Abud (1910) e Rameh (1912) – e solo una ad oriente, Smakieh (1910). Cfr. *Le Patriarcat Latin de Jérusalem: statistique générale*, Jérusalem, Typ. PP. Franciscan, 1928, 7.

erano morti a causa delle malattie o delle vicende belliche. Il seminario, dove fino allo scoppio della guerra studiava una ventina di allievi, era stato requisito, saccheggiato e seriamente danneggiato dalle truppe che vi si erano acquartierate; un destino che era toccato anche a gran parte delle altre istituzioni patriarcali, scuole e parrocchie in particolare.

Anche i frati minori della Custodia erano diminuiti (poco più di trecento in totale, compresi coloro che operavano fuori dalla diocesi patriarcale latina di Gerusalemme). Le vicende belliche avevano infatti impedito alla Curia generalizia di effettuare il consueto ricambio di religiosi; inoltre, a quelli espulsi durante il conflitto che intendevano ritornare, per lunghi mesi le autorità di occupazione britanniche non concessero il permesso, adducendo motivazioni di carattere militare. Nonostante ciò, durante il conflitto i francescani erano riusciti a salvaguardare l'integrità dei Luoghi Santi, a officiarli "decorosamente" e a prestare "con spirito religioso" l'assistenza spirituale ai fedeli. Non solo, ma avevano regolarmente continuato le opere di beneficenza, pagando gli affitti ai cattolici delle loro parrocchie, distribuendo sussidi in denaro e "1.500 minestre quotidianamente ai poveri e altrettanti pani a settimana" e offrendo "gratuitamente ospitalità ai Religiosi d'altri Ordini cacciati dalle proprie case"[19]. Era soprattutto questa molteplice attività ad aver causato la sua crisi finanziaria.

All'interno della giurisdizione del Patriarcato latino i francescani ufficiavano una sessantina di Luoghi Santi[20] e gestivano 12 parrocchie (tra le quali le sette più antiche della Palestina[21] e le tre di Cipro[22]), per un totale di quasi 15.000 fedeli. Mantenevano anche due orfanotrofi a Gerusalemme (uno maschile e uno femminile), cinque farmacie e una decina di Case Nove, dove continuavano a ospitare gratuitamente i pellegrini. Dalla seconda metà dell'Ottocento

---

[19] ACTS, *Ministro generale (1913-1921)*, Diotallevi a Cimino: "Relazione della visita fatta in Giudea e in Egitto", Gerusalemme, 10 ottobre 1918, 166 e 168.

[20] Questi santuari devono dividersi tra quelli che la Custodia possedeva in esclusiva (una cinquantina), quelli gestiti in comune con le altre comunità cristiane (tre), quelli considerati "usurpati" ai latini da queste ultime (undici) e quelli in possesso dei musulmani ma sui quali i frati minori possedevano comunque alcuni diritti di culto (sei). Alla prima categoria appartenevano, tra gli altri, il monte Tabor, il Getsemani il luogo della Visitazione e della Natività del Battista a Ein Karem, alcune cappelle all'interno del Santo Sepolcro, alcune stazioni della via Crucis, il Dominus Flevit sulle pendici del monte degli Ulivi, il Presepio e l'altare dell'Adorazione dei Magi a Betlemme, Emmaus (villaggio di Qubeibeh), la chiesa dell'Annunciazione a Nazaret, Cana, la casa di S. Pietro e la sinagoga a Cafarnao. Alla seconda appartenevano invece il Sepolcro di Gesù e la Pietra dell'Unzione all'interno del Santo Sepolcro e la Grotta di Betlemme; alla terza soprattutto alcune cappelle nel Santo Sepolcro e il luogo della nascita di Gesù a Betlemme; alla quarta soprattutto il Cenacolo, la basilica/moschea dell'Ascensione, il sepolcro di Lazzaro a Betania e il luogo del Battesimo sul fiume Giordano.

[21] Le antiche parrocchie di Palestina erano quelle di Gerusalemme, Betlemme Nazareth, Giaffa, Acri, Ain Karem e Ramleh; i frati minori ne avevano fondate in seguito due in Galilea, una a Cana (1881) e una a Mujeidel (1904).

[22] Nicosia, Larnaca e Limassol.

essi avevano ceduto buona parte dell'attività educativa ad altri ordini religiosi, ma continuavano ad amministrare direttamente una ventina di scuole, due delle quali di carattere professionale[23].

In Terra Santa, oltre ai francescani e ai carmelitani, esisteva ormai una trentina di congregazioni cattoliche di rito latino (14 maschili e 16 femminili), che gestivano istituzioni caritative ed educative e alcuni santuari meta di costante pellegrinaggio. Gli istituti religiosi maschili con più residenze erano quelli dei salesiani (6), dei fratelli delle scuole cristiane (5), dei lazzaristi tedeschi (3) e dei carmelitani (3); le case femminili più importanti erano invece quelle delle suore del Rosario (20), delle suore di S. Giuseppe dell'Apparizione (15), delle francescane missionarie d'Egitto (6), delle suore di San Carlo (6), delle carmelitane (4) e delle figlie della carità di San Vincenzo de' Paoli (4). Queste congregazioni religiose – di concerto con il Patriarcato e la Custodia – gestivano una quarantina di farmacie, una quindicina di ospizi, 22 orfanotrofi (undici dei quali retti da istituti francesi e quattro dai salesiani) e undici ospedali (otto dei quali gestiti da suore francesi, due da istituti austro-tedeschi e uno dalle suore del Cottolengo)[24]. I Luoghi Santi più importanti amministrati dagli istituti religiosi non francescani erano la chiesa della Natività della Vergine e la piscina probatica (padri bianchi francesi), la chiesa della Dormizione della Vergine (benedettini tedeschi, momentaneamente sostituiti da quelli belgi), quella di Santo Stefano (domenicani francesi) e l'Ecce Homo sulla via Dolorosa (suore di Sion). Le congregazioni insegnanti maschili più importanti erano quelle dei fratelli delle scuole cristiane (francesi) e dei salesiani (italiani); tra quelle femminili figuravano le suore francesi di San Giuseppe dell'Apparizione, quelle di Nazareth, quelle indigene del Rosario e quelle tedesche di San Carlo[25].

---

[23] Le scuole femminili erano gestite dalle suore di S. Giuseppe dell'Apparizione, sostentate interamente dai francescani.

[24] Cfr. ACPF, *Acta*, vol. 291 (1920), Congr. gen. del 14 giugno 1920: "circa la situazione religiosa delle Missioni di Palestina", 272r-274r.

[25] Da una lista stilata per permettere un'equa distribuzione di 50.000 lire da parte del Pontefice alle varie congregazioni latine di Terra Santa nei difficili momenti del dopoguerra, si può evincere il loro numero e la loro nazionalità. Le congregazioni francesi erano una ventina (i lazzaristi, i benedettini i domenicani, i fratelli delle scuole cristiane, gli agostiniani dell'Assunzione, i padri bianchi, i padri di Ratisbonne, i betharramiti, i trappisti, i passionisti, le suore della carità di San Vincenzo de' Paoli, quelle di S. Giuseppe, quelle di Sion, quelle di Nazareth, quelle di Maria Riparatrice, le clarisse, le benedettine, le missionarie di Maria e le carmelitane), quelle tedesche 3 (i benedettini, i lazzaristi e le suore di San Carlo), quelle italiane 4 (padri e suore salesiane, le ausiliatrici e quelle dell'Hortus Conclusus); soltanto una era invece austriaca (i padri di S. Giovanni di Dio); infine, c'erano le suore indigene del Rosario e quelle francescane (queste ultime, come i francescani della Custodia, erano un'istituzione di tipo internazionale). Cfr. AES, *Asia, Africa e Oceania* (1903-1922), fasc. 39.

La situazione della Terra Santa agli occhi di Diotallevi (1918)

Giunto a Gerusalemme nel tardo pomeriggio del 15 febbraio 1918, Diotallevi non tardò a maturare la convinzione che la situazione del cattolicesimo in Palestina fosse "molto critica". Ciò era dovuto soprattutto all'attività dei protestanti, che "sfruttando la loro posizione favorita" e i loro potenti mezzi economici, conducevano una "propaganda spietata" contro le istituzioni più rappresentative della Chiesa di Roma. Era per questa ragione che il Custode ritenne necessario riaprire subito scuole e orfanotrofi. Grave era anche il problema delle "condizioni materiali della vita", notevolmente peggiorate in seguito al forte aumento del prezzo dei viveri, nonché degli affitti delle case che la Custodia pagava da sempre ai fedeli[26]. L'altra grande piaga era costituita dalla prostituzione, "sconosciuta prima" e disgraziatamente non contemplata dal "codice inglese": "La Palestina è piena di soldati [...]. Le ragazze vanno a vendere aranci ed altro e perdono tutto". Il Custode riteneva necessario che le istituzioni cattoliche raccogliessero queste giovani "per farle guadagnare onestamente". Esse, se a soccorrerle per prime fossero stati i protestanti, "pur serbando l'onestà", avrebbero finito per perdere la fede.

Diotallevi non incolpava i sionisti per l'esplosione di questo fenomeno, come avrebbe fatto ripetutamente in seguito mons. Luigi Barlassina una volta divenuto patriarca latino di Gerusalemme. In ogni caso i componenti di questo movimento, "giunti a frotte" in Palestina, erano "i privilegiati dell'Inghilterra". Il Custode andava "molto d'accordo" con le autorità britanniche, che gli usavano sempre "molte deferenze". Era necessario mantenere buoni rapporti con loro, visto che avrebbero dovuto decidere in materia di *status quo* dei Luoghi Santi, concedere l'autorizzazione per l'edificazione di nuovi edifici religiosi e di beneficenza e legiferare su questioni concernenti i diritti e privilegi dei cattolici, in particolare sulle questioni educative e sulle esenzioni fiscali e doganali. L'amministrazione militare britannica interpellava sempre il Custode, quando erano in gioco i diritti dei cattolici. Diotallevi riteneva che l'unica strategia praticabile per ottenere soddisfazione fosse mantenere "buone relazioni personali" con i suoi alti funzionari. Essi ci tenevano molto. Con loro era necessario mantenere "calma e freddezza, unita a franchezza".

I primi mesi di esperienza in Terra Santa facevano ritenere a Diotallevi che dal sionismo non ci fosse niente da temere, perché gli inglesi avrebbero favorito questo movimento solo fin quando ne avessero avuto bisogno[27]. A rafforzare

---

[26] Secondo il parere di Diotallevi, la pratica del pagamento degli affitti e dell'erogazione delle elemosine si sarebbe dovuta abolire, perché con le nuove autorità britanniche il lavoro non mancava per nessuno. Tuttavia, i cattolici latini non avevano alcuna voglia di lavorare e preferivano continuare a vivere "alle spalle della Custodia".

[27] Cfr. ACTS, *Ministro generale (1913-1921)*, Diotallevi a Serafino Cimino (ministro generale dell'Ordine), Gerusalemme, 22 giugno 1918, 137-141.

questa sua convinzione stava il fatto che "l'ibrida protetta amicizia" che i protestanti intrattenevano con i greco-ortodossi, con gli armeni e con i sionisti avrebbe trovato l'insormontabile opposizione dei musulmani e degli ebrei locali. Anche questi ultimi, infatti, manifestavano profonda avversione per i loro correligionari di nuova immigrazione, che erano atei e pretendevano di fondare uno Stato senza attendere l'arrivo del Messia. L'altra nota positiva consisteva nell'aver trovato in Terra Santa "buoni ed ottimi religiosi degni di considerazione", sia per la loro "bontà" sia per le loro capacità; il che gli faceva ben sperare per il futuro della Custodia[28].

Propositi di Diotallevi per il governo della Custodia di Terra Santa

Mentre aumentava la rivalità fra Francia e Italia sulla questione del protettorato e si moltiplicavano i tentativi di queste due potenze di mantenere o di crearsi una forte presenza in Palestina, Diotallevi elaborava le linee guida per il governo della Custodia. Le conosciamo nei dettagli, almeno nella versione da lui esposta nel mese di giugno 1918 a Lazzaro Negrotto Cambiaso, console generale d'Italia al Cairo. Quest'ultimo riteneva che i propositi del Custode fossero "ispirati al più sincero spirito di italianità": era innanzitutto sua intenzione "favorire e dare incremento alle scuole specialmente professionali [...] con la cooperazione dei Salesiani, conservando ad esse il suo carattere italiano". Diotallevi era ben deciso a "fare opera di italianità, evitando però ogni esagerazione o pubblicità" che potesse destare diffidenze e urtare la suscettibilità dei francesi e dei britannici, tenendo conto della nuova situazione politica determinatasi in Palestina e del carattere internazionale della Custodia. Voleva anche intrattenere buone relazioni con la Francia, continuando a riconoscere per il momento il suo protettorato religioso; ma, soprattutto, intendeva mantenere i più cordiali rapporti con la Gran Bretagna, evitando però "compromessi e rinunzie" passibili di pregiudicare la dignità e l'indipendenza della prestigiosa istituzione che era stato chiamato a dirigere. Le premure delle autorità militari inglesi nei suoi confronti miravano a fargli comprendere che le esigenze dei cattolici sarebbero state agevolmente soddisfatte solo rivolgendosi a loro, piuttosto che alla protezione religiosa della Francia. Il Custode, da fine diplomatico qual era, approfittava volentieri della rivalità franco-inglese. Era però molto accorto a non precludersi la sua libertà d'azione, nell'incertezza sul destino politico che le potenze vincitrici avrebbero riservato alla Palestina in sede di trattato di pace.

Negrotto Cambiaso – nello scrivere al ministero degli Esteri – non si sbaglia-

---

[28] ACTS, *Ministro generale (1913-1921)*, Diotallevi a Cimino: "Relazione della visita fatta in Giudea e in Egitto", Gerusalemme, 10 ottobre 1918, 168-169. I religiosi che Diotallevi aveva avuto modo di apprezzare maggiormente erano Prospero Viaud, Luca van de Pavoort, Aurelio Marotta, Giovanni Gramiccia, Nazzareno Iacopozzi, Teofilo Bellorini e Lodovico Foschi.

va molto emettendo il suo giudizio sul Custode, anche se esagerava nel considerarlo troppo incline a favorire i disegni italiani in Oriente:

> Abbiamo nel padre Diotallevi un amico franco e leale sul quale potremo contare soprattutto quando, venendo a cessare lo stato attuale di cose, la Palestina si troverà nuovamente sotto il regime della legge comune. Data però la fierezza del suo carattere, non scevro, parmi, di una certa diffidenza, occorre assolutamente di usare verso di lui un'attitudine di grande deferenza e di riguardosa prudenza evitando qualsiasi atto o parola che possa essere interpretata come intenzione da parte nostra di invadere il campo delle sue attribuzioni od ingerirsi negli affari interni della Custodia[29].

La questione del protettorato religioso

La repentina ripresa dei conflitti con il Patriarcato latino di Gerusalemme e la determinazione della Francia a mantenere intatto il protettorato religioso sui cattolici furono due dei più gravi problemi che Diotallevi dovette affrontare al suo arrivo a Gerusalemme. La questione del protettorato il Custode dovette fronteggiarla prima ancora di giungere in sede. La mattina del 15 febbraio 1918, mentre era in viaggio per la Città Santa, il capo dell'ufficio politico del quartier generale britannico in Palestina, generale Gilbert Clayton, pretese di incontrarlo per imporgli una condotta in linea con la politica britannica di preservazione dello "*statu quo* in materia religiosa"; il che sarebbe equivalso a mantenere la Custodia di Terra Santa rigidamente sottoposta al protettorato francese[30]. Le

---

[29] *Archivio del Ministero degli Affari Esteri Italiano* (ASMEI), *Archivio politico ordinario e di gabinetto (1915-1918)*, Siria, pc. 184, disp. n. 1605/232, Negrotto Cambiaso a Sonnino, Il Cairo, 25 giugno 1918. A questa descrizione, aggiungiamo quella lapidaria del tenente Antonio Barluzzi, che in alcune pagine autobiografiche conservate nell'archivio di San Salvatore a Gerusalemme definì il Custode "Uomo intelligente e di grande attività, ma anche severo e sospettoso". Il governatore di Gerusalemme Ronald Storrs, dal canto suo, lo considerava "powerful and astute"; un "philatelist, iron disciplinarian, with an unhappy craze for brick and mortar" (un'allusione, quest'ultima, alla ferma volontà del Custode di edificare nuovi santuari, fortemente osteggiata dal governatore). R. STORRS, *Orientations*, London, Ivor Nicholson & Watson, 1937, 347 e 472. Interessante anche quanto scrisse il capitano della nave Quarto che aveva accompagnato il card. Filippo Giustini nel viaggio di andata e ritorno in Terra Santa. A suo parere, sarebbe stato "molto conveniente" per gli interessi italiani in Palestina ed Egitto mantenere buoni rapporti con Diotallevi: "egli gode di un potere e di un prestigio grandissimi nell'ambiente, anche fra i mussulmani, ed è molto abile. Benché sia chiara la sua intenzione di apparire apolitico, credo non sia impossibile volgere la sua attività e la sua influenza a nostro favore". ASMEI, *Ambasciata Italiana in Egitto (1864-1940)*, b. 176/1, fasc. 2, disp. s. n., Luigi Tonta (capitano di fregata) a ministero della marina, Roma, 20 dicembre 1919.

[30] ASMEI, *Ambasciata Italiana in Egitto (1864-1940)*, b. 171, fasc. 5, lett. n. 20/2 in originale manoscritto di M. Caccia (addetto militare Italiano) a Negrotto Cambiaso, Bir Salem (Quartier generale), 16 febbraio 1918 e disp. riservato n. 502/73, Negrotto Cambiaso a Sonnino, Il Cairo, 20 febbraio 1918.

perorazioni di Clayton si rivelarono inutili. Diotallevi era latore di precisi ordini della Santa Sede, da molto tempo stanca – al pari degli stessi francescani – di sottostare all'inefficace e compromettente protezione dei diplomatici d'oltralpe.

L'atteggiamento del Custode aveva avuto effetti indesiderati sull'intraprendente rappresentante del governo di Parigi in Palestina, quel François Georges-Picot che nel 1916 aveva sottoscritto con il britannico Mark Sykes gli accordi sulla spartizione della parte asiatica dell'Impero ottomano. Picot, la domenica di Quaresima (17 febbraio), sapendo che non gli sarebbero stati resi gli onori liturgici, si astenne dall'intervenire alle cerimonie religiose nel Santo Sepolcro. La Santa Sede però – pressata dalla diplomazia francese – a fine mese sarebbe presto ritornata sui suoi passi, dando istruzione al Custode di ripristinare gli onori liturgici.

Non intendiamo approfondire l'argomento della politica della Santa Sede e delle grandi potenze sul protettorato religioso in Palestina, dato che possediamo in merito una serie di eccellenti studi ai quali volentieri rimandiamo[31]. Ci limitiamo solo a ricordare che le autorità vaticane – nonostante un ondivago atteggiamento – non avevano del tutto abbandonato la loro posizione contraria al protettorato francese. Avevano solo acconsentito a modificarla in via transitoria fino al termine della guerra. Si sarebbero riproposte di esaminarla di nuovo quando le potenze vincitrici si fossero messe d'accordo sul regime definitivo dei territori del Levante.

Difficoltà per l'edificazione delle basiliche del Getsemani e del Tabor

Quella della fondazione delle basiliche del Tabor e del Getsemani è forse l'iniziativa per la quale Ferdinando Diotallevi è maggiormente ricordato. Riteniamo necessario esaminare nei dettagli le complesse vicende relative al Getsemani, che non sono state finora oggetto di studi approfonditi. Tali vicende non rivestono interesse solo dal punto di vista archeologico-religioso, ma toccano anche i rapporti della Custodia col Patriarcato latino e con le autorità mandatarie, quelli tra comunità cristiane nei Luoghi Santi e problematiche di carattere politico-diplomatico, prima fra tutte i residui tentativi francesi di servirsi del fattore religioso per continuare a esercitare un ruolo di primo piano in Palestina.

Da secoli i francescani erano in possesso dei terreni che racchiudevano gli antichi santuari del Getsemani e del Tabor. In seguito ai primi scavi archeologici della seconda metà dell'Ottocento erano emerse antiche chiese sui luoghi

---

[31] Cfr. in part. S. I. Minerbi, *Il Vaticano, la Terra Santa e il Sionismo*, Milano, Bompiani, 1988, 31-136; A. Gabellini, *L'Italia e l'assetto della Palestina*, Firenze, SeSaMo, 2000, 61-138 e A. Giovannelli, *La custodia di Terra Santa tra la fine dell'impero ottomano e la guerra dei sei giorni*, Roma, Studium, 2000, 21-36.

della trasfigurazione e dell'agonia di Gesù. Nei francescani era subito sorto il desiderio di riedificarle. Riguardo al Tabor, i religiosi non incontrarono soverchie opposizioni – né da parte delle altre comunità cristiane, né per conto delle autorità di governo –, tanto che all'inizio del 1912 decisero di commissionare all'ingegnere romano Antonio Barluzzi il disegno della basilica[32]. Però il momento scelto non si rivelò dei più felici, perché la guerra italo-turca e il primo conflitto mondiale impedirono la realizzazione del progetto.

Al Getsemani furono i greco-ortodossi a creare problemi a non finire a partire dal 1906, quando i francescani avevano scavato, in maniera più approfon-

---

[32] Antonio Barluzzi nacque a Roma il 25 settembre 1884, dove studiò al liceo Umberto I (1897-1902) e all'Università la Sapienza (1902-1907), conseguendo una laurea in ingegneria civile. Dopo il servizio militare iniziò a collaborare col già celebre fratello Giulio – architetto e ingegnere – alla realizzazione di alcuni progetti al cimitero del Verano e al giardino zoologico della capitale. All'inizio del 1912 Giulio gli lasciò l'incarico di realizzare l'ospedale italiano a Gerusalemme e la basilica del Tabor, commissionatigli rispettivamente dall'ANSMI di Ernesto Schiaparelli e dalla Custodia di Terra Santa. Giunto nella Città Santa nel dicembre 1912 per dirigere quei lavori trovò il tempo – sempre per conto dell'ANSMI – per edificare un ospizio a Cafarnao e le scuole di Giaffa, Tiberiade e Cana. La costruzione dell'ospedale fu iniziata nel 1913, una volta superati gli effetti più immediati della guerra italo-turca. Era in piena esecuzione quando, all'inizio del 1915, per motivi di sicurezza, Schiaparelli volle il suo rimpatrio e quello degli altri compatrioti che lavoravano per l'associazione. A Roma Barluzzi decise di entrare nel Seminario romano. Nelle sue scarne memorie autobiografiche conservate nell'archivio della Custodia di Terra Santa, ci racconta che fu una vera e propria sofferenza, un adattarsi "con sforzo" a questa nuova vita, un alternarsi di slanci di fervore "con la solita terribile incertezza". Il 25 maggio 1915, dopo appena quaranta giorni, il richiamo alle armi parve chiudere questo breve e tormentato capitolo della sua vita. Nel maggio 1917 Schiaparelli gli chiese di far ritorno in Palestina per tutelare gli interessi dell'ANSMI, oltre che per restaurarne gli edifici devastati dalla furia del conflitto e completare l'ospedale di Gerusalemme. La dettagliata conoscenza della Palestina e degli istituti dell'associazione ne facevano la persona più indicata. Fu aggregato con il grado di tenente al piccolo corpo di spedizione italiano comandato dal colonnello d'Agostino, che il governo di Roma aveva inviato a supporto dell'esercito inglese comandato dal generale Edmund Allenby. Nel dicembre 1917 giunse nella Città Santa. Dall'agosto 1918 fu associato alla cosiddetta "Missione Soragna", dal nome del capitano Antonio Meli Lupi di Soragna inviato dal governo di Roma con compiti di osservatore della delicata situazione politico-religiosa della Palestina. I suoi continui spostamenti per motivi di lavoro lo resero un ottimo collettore di informazioni a beneficio dei disegni di penetrazione italiana nella regione. Oltre che per conto dell'ANSMI, iniziò a lavorare per la Custodia di Terra Santa (scuola femminile a Ein Karem e chiesa di Suez). Poi Diotallevi gli commissionò il progetto del Getsemani e l'esecuzione dei lavori per il monte Tabor. Sorpreso e indeciso sul da farsi come di consueto, nel maggio di quell'anno si recò in licenza in Italia, dove il suo confessore lo esortò ad accettare l'offerta e a pensare in seguito all'autenticità della sua vocazione sacerdotale. La decisione di far ritorno a Gerusalemme per occuparsi dei progetti definitivi delle due basiliche segnò la fine delle sue incertezze. Da allora questo "francescano senza saio" mise la sua arte al servizio della fede, dedicando l'intera sua vita alla costruzione di importanti santuari ed opere civili per conto della Custodia di Terra Santa e dell'ANSMI. Visse sempre povero, da terziario francescano, accanto ai religiosi della Custodia ("non sono avido di guadagno, [...] stimo più assai la mercede eterna", aveva scritto il 3 maggio 1934 al ministro generale Leonardo Bello). Come tale morì il 14 dicembre 1960 nella sede della Delegazione di Terra Santa a Roma, amareggiato per essere stato escluso dal progetto e dalla realizzazione della chiesa dell'Annunciazione a Nazareth alla quale aveva dedicato molto del suo ingegno negli ultimi anni di vita.

dita, le rovine della chiesa medievale edificata in ricordo della preghiera di Cristo[33]. Sul momento il progetto di riedificarla dovette essere scartato, perché gli ortodossi si rifiutarono di cedere il loro diritto passaggio e di preghiera sull'area situata dietro l'abside di quell'antico tempio, dov'era collocata la colonna commemorativa dell'Agonia di Gesù (la cosiddetta colonna del "bacio di Giuda").

Scomparso il potere musulmano degli ottomani, i francescani furono in grado di lanciare un vasto programma di restauro e di ricostruzione di diversi santuari. Il progetto del Tabor poté riprendere speditamente e senza difficoltà. Paradossalmente invece, l'obiettivo di un tempio al Getsemani fu ancora più difficile da conseguire. Gli ostacoli parvero aumentare a dismisura. Il primo fu l'intenzione dell'arcivescovo di Tolosa, mons. Augustin Germain, di edificare proprio al Getsemani un grande santuario dedicato al Sacro Cuore di Gesù "en faveur de la paix dans le monde". Già nel 1885 alcuni ecclesiastici francesi avevano promosso una simile idea. La chiesa avrebbe dovuto sorgere "in fondo alla valle del Cedron, sottostante al Getsemani". Presto però il progetto dovette essere abbandonato e anche questo terreno – situato a occidente della strada verso Gerico, dalla parte opposta rispetto al luogo francescano dell'Agonia – era stato acquistato dalla Custodia[34]. Monsignor Germain, "prendendo spunto dalla presente guerra e dalla futura pace", aveva riesumato l'idea e per realizzarla aveva creato l'*Archiconfrérie du Gethsémani*, in favore della quale aveva iniziato una sottoscrizione tra i fedeli della sua diocesi.

Diotallevi fu messo a conoscenza dell'iniziativa poco dopo il suo arrivo a Gerusalemme. Egli ne scrisse subito al prefetto di *Propaganda Fide*, card. Guglielmo van Rossum, definendola "felicissima" in sé stessa. Però, edificare un nuovo luogo santo in Palestina avrebbe riaperto quei gravi dissensi tra istituti religiosi cattolici che solo a fatica, all'inizio dell'ultimo decennio del secolo precedente, la Congregazione era riuscita a soffocare. Il Custode avanzava una diversa proposta: "L'encomiabile progetto [di mons. Germain] si dovrebbe tradurre in atto con riedificare l'antica Basilica cristiana costruita proprio sul luogo dell'Agonia di Gesù al Getsemani [...] da Teodosio il Grande (379-386)", riedificata "dai Siriani nel 1102" e poi "abbattuta dal fanatismo musulmano".

I francescani avevano già fatto eseguire tutti gli studi architettonici per dar

---

[33] I primi resti archeologici della basilica medievale al Getsemani erano stati rinvenuti dai francescani nel 1891, su un terreno in loro possesso dal 16 maggio 1681 sul lato orientale della strada che da Gerusalemme conduceva a Gerico e che racchiudeva l'orto degli Ulivi. A quel tempo, però, ai frati non era stato possibile effettuare uno scavo sistematico.

[34] Diotallevi afferma che il progetto fallì perché uno dei due ecclesiastici francesi aveva deciso di "apostatare". L'altro, a suo dire, avrebbe promesso di donare le offerte fino a quel momento raccolte alla Custodia, quando questa avesse deciso a sua volta di edificare una basilica al Getsemani. ACTS, *Propaganda Fide (1906-1918)*, Diotallevi a van Rossum, Gerusalemme, 30 aprile 1918, 311.

inizio ai lavori. Diotallevi chiedeva a van Rossum di premere sull'arcivescovo di Tolosa perché rinunciasse alla sua idea e sostenesse finanziariamente il progetto francescano[35].

Il Custode si mostrava fiducioso di poter superare anche l'opposizione dei greco-ortodossi. Però non spiegava come avrebbe potuto conseguire quell'obiettivo, che visto da Roma pareva impossibile da raggiungere. Forse pensava di approfittare della grande debolezza del Patriarcato greco-ortodosso, che dopo il trionfo della rivoluzione bolscevica aveva perso la protezione e i finanziamenti dello zar, le elemosine dei numerosissimi pellegrini provenienti dalla Russia e le ingenti rendite delle proprietà che aveva in quel Paese, tutte nazionalizzate con l'avvento del potere comunista. Oppure contava sulle gravi divisioni interne alla comunità ortodossa, le cui gerarchie ecclesiastiche di origine ellenica rifiutavano di riconoscere al basso clero e ai fedeli – tutti di origine locale e influenzati dal nazionalismo arabo – il diritto di partecipare all'amministrazione spirituale e finanziaria della loro Chiesa.

Propaganda Fide, imbarazzata, impiegò sette mesi a rispondere. Essa decise infine di non intervenire direttamente, invitando il Custode a far conoscere il suo progetto a mons. Germain. Gli avrebbe dovuto ricordare, per sostenere con più forza la sua tesi, il contenuto della lettera del 20 febbraio 1891 con la quale *Propaganda Fide* vietava di proclamare l'autenticità di nuovi santuari e di celebrarvi il culto, a meno che la Santa Sede non li avesse riconosciuti e approvati formalmente[36].

Come consigliatogli da van Rossum, Diotallevi scrisse a mons. Germain con la massima "delicatezza". Nonostante ciò, la risposta fu negativa: gli scopi del Custode e quelli dell'*Archiconfrérie du Gethsémani* – aveva affermato l'arcivescovo dopo aver riunito i membri di quell'organizzazione – erano molto differenti. I francescani intendevano riedificare un luogo santo per onorare l'agonia del Salvatore al Getsemani. I fedeli della diocesi di Tolosa volevano invece consacrare una basilica al "Cœur de Jésus, Regnant et Triomphant, ex-voto de la Consécration des Nations au Sacré-Cœur, un temple qui fut pour l'univers ce qu'est Montmartre pour la France". Aderire alla proposta del Custode avrebbe fatto perdere, agli occhi dei fedeli, il carattere originario dell'opera progettata e, di conseguenza, la loro adesione spirituale e finanziaria. Mentre scriveva queste righe, l'arcivescovo aumentava gli sforzi per propagandare la sua iniziativa, riuscendo ad estendere la sottoscrizione ad altre diocesi francesi e perfino all'estero.

---

[35] ACTS, *Propaganda Fide (1906-1918)*, Diotallevi a van Rossum, Gerusalemme, 30 aprile 1918, 310-312.

[36] Cfr. ACTS, *Propaganda Fide (1906-1918)*, van Rossum a Diotallevi, Roma, 25 novembre 1918, 339. Per il testo latino della lettera del card. Simeoni, cfr. ACTS, *Propaganda Fide (1890-1900)*, 10-13.

Ovviamente, nemmeno Diotallevi rimase inattivo. Già nel maggio 1918 aveva fatto votare al Discretorio l'affidamento all'ingegner Antonio Barluzzi – lo stesso che aveva disegnato il monumentale ospedale italiano di Gerusalemme e la chiesa del Tabor – dell'incarico di redigere il progetto per la nuova basilica del Getsemani[37]. Il 27 gennaio 1919 – previo consenso del patriarca greco-ortodosso Damianos – riuscì perfino a trasportare la colonna commemorativa del bacio di Giuda fuori dalle fondazioni della chiesa medievale costruita "ove N. Signore fece l'ultima preghiera sudando sangue". La colonna era stata trasportata 10 metri più a nord, "in direzione della porticina che mena al grande orto del Getsemani, cioè fuori le fondazioni dell'antica basilica". Per conseguire quest'obiettivo fu determinante l'intervento del governatore militare di Gerusalemme Ronald Storrs[38]. Questi esercitava un grande ascendente sul patriarca greco-ortodosso, che stava difendendo dai tentativi del suo sinodo di deporlo perché non mostrava sufficiente fermezza verso le aspirazioni del clero arabo locale e perché si opponeva alla volontà del governo di Atene di esercitare una crescente influenza sul suo Patriarcato[39].

Il via libera di Damianos aveva permesso ai francescani di iniziare nuovi scavi per mettere completamente in luce l'abside della chiesa medievale, propedeutici alla costruzione di una nuova basilica consacrata al "S. Cuore Agonizzante di Gesù ed in ricordo della pace"[40]. Il 30 gennaio il Discretorio rinnovò all'ing. Barluzzi l'incarico di disegnare il santuario e l'attiguo ospizio per la comunità francescana destinata a insediarvisi[41]. Diotallevi mostrava grande fiducia in Barluzzi, uomo che alle grandi capacità tecniche univa "il sentimento più profondo di pietà cristiana"; una dote indispensabile per colui che avrebbe dovuto realizzare architetture capaci di far immergere i fedeli nei grandi misteri della fede consumatisi in santuari importanti come il Getsemani e il Tabor. Per l'abside della basilica del Getsemani, l'ingegnere aveva previsto un mosaico con "Gesù che accetta[va] dall'Angelo il calice della passione". Nello scriverne al segretario di Stato card. Pietro Gasparri, il Custode si disse certo che

---

[37] Cfr. ACTS, *Atti Discretoriali (1913-1921)*, seduta discretoriale del 16 maggio 1918, 189.

[38] Storrs fu nominato a quella carica il 28 dicembre 1917.

[39] L'intervento del governo greco – secondo Storrs – avrebbe costituito un precedente per altre e più importanti potenze europee desiderose di intervenire negli affari interni di qualche istituzione religiosa. In tal modo esse si sarebbero ritagliate un proprio spazio in Palestina, a detrimento dell'aspirazione britannica a esercitarvi un controllo diretto e assoluto. Cfr. P. PIERACCINI, *Gerusalemme, Luoghi Santi e comunità religiose nella politica internazionale*, Bologna, EDB, 1997, 418-419.

[40] ACTS, *Propaganda Fide(1919-1922)*, Diotallevi a van Rossum, Gerusalemme, 1 febbraio 1919, 3-4.

[41] Cfr. ACTS, *Atti Discretoriali (1913-1921)*, seduta discretoriale del 30 gennaio 1919, 220. Come abbiamo visto *supra* nella nota biografica a lui dedicata, Barluzzi aveva titubato a lungo di fronte alla domanda di Diotallevi di occuparsi della costruzione delle due basiliche, incerto se intraprendere la carriera ecclesiastica o quella di ingegnere.

l'opera sarebbe stata eseguita dalla "rinomata scuola Vaticana [...] per cura del S. Padre", che in tal modo avrebbe legato "il Suo nome immortale nei Santuari di Palestina commemorativi della pace"[42].

All'epoca, le condizioni finanziarie della Custodia non erano delle più floride. Tuttavia, nel compiacersi delle confortanti notizie ricevute, il ministro generale Serafino Cimino rassicurò Diotallevi che la "Divina Provvidenza" non avrebbe mancato di "somministrare le somme necessarie"[43]. Il Discretorio rimase favorevolmente impressionato dalla sicurezza e dall'appoggio incondizionato del generale e nel giugno successivo approvò anche il disegno definitivo dell'ing. Barluzzi per il Tabor. Questo luogo santo non costituiva un problema nemmeno dal punto di vista finanziario, visto che le spese sarebbero state interamente sostenute da elemosine straordinarie erogate dal Commissariato di Terra Santa di Washington[44]. Anche Benedetto XV fece la sua parte, accogliendo la richiesta della Custodia di elevare il Tabor a "santuario di prima classe" (14 maggio 1919).

A fine maggio Diotallevi, per l'ennesima volta a Roma, discusse col card. van Rossum del progetto di mons. Germain. Il prefetto non lo trovò "conveniente" e promise che avrebbe "proibita la costruzione" della chiesa voluta dall'arcivescovo. Però non era ottimista. Secondo lui, "i Francesi avrebbero tanto brigato che forse sarebbero riusciti a carpire il permesso altrove". Diotallevi gli fece notare che, in tal caso, sarebbero rimasti solo i francescani a domandare il permesso della Santa Sede per costruire nuovi santuari, mentre le altre congregazioni – in particolare quelle francesi – si astenevano regolarmente dal farlo[45].

Ritornato a Gerusalemme a metà giugno, il Custode dovette constatare quanto il governo di Parigi tenesse al progetto di mons. Germain. Il superiore dei domenicani e il celebre biblista Joseph-Marie Lagrange[46], venuti a rendergli visita in San Salvatore, gli fecero presente che l'arcivescovo non avrebbe mai rinunciato alla sua impresa. Sarebbe stato meglio se i francescani avessero abbandonato la loro. Inoltre, era desiderio dei turisti che il luogo dove intendevano costruire la loro chiesa rimanesse "aperto", senza opere architettoniche passibili di disturbarne l'antica fisionomia. Diotallevi non provò alcuna soggezione di fronte a Lagrange. Nonostante fin dall'inizio si fosse ripromesso di mantene-

---

[42] ACTS, *Segreteria di Stato (1908-1948)*, Diotallevi a Gasparri, Gerusalemme, 1° febbraio 1919, 32-33.

[43] ACTS, *Ministro generale (1913-1921)*, Cimino a Diotallevi, Roma, 6 marzo 1919, 191-192.

[44] Cfr. ACTS, *Atti Discretoriali (1913-1921)*, seduta discretoriale del 21 giugno 1919, 242.

[45] *Diario di Terrasanta, 1918-1924* (a cura di D. FABRIZIO), Milano, Edizioni Biblioteca Francescana, 2002, *1918-1924*, 99.

[46] Lagrange – fondatore della prestigiosa *École biblique* di Gerusalemme (novembre 1890) – era stato novizio nel convento di St-Maximin, situato proprio nella diocesi di Tolosa. Fu in questo stesso convento che scelse di ritirarsi dopo una feconda vita di studi trascorsa in Terra Santa e dove trovò la morte il 10 marzo 1938.

re rapporti molto amichevoli con i domenicani, rispose loro molto rudemente: i francescani non mantenevano i santuari "per i turisti, ma per i devoti". La Custodia "avrebbe fatto nel Getsemani una basilica che sarebbe stata la casa dell'adorazione"[47].

Comunque sia, il 17 ottobre successivo il Custode raccolse uno dei più rilevanti frutti del viaggio compiuto in Europa nella primavera precedente (certamente più importante della sua missione a Versailles per la rivendicazione dei Luoghi Santi). Egli aveva infatti ottenuto dal pontefice che il protettore dell'Ordine dei frati minori card. Filippo Giustini, in qualità di rappresentante del Pontefice in Palestina per il settimo centenario della fondazione della Custodia di Terra Santa[48], ponesse la prima pietra della ricostruenda basilica del Getsemani.

Diotallevi prese a pretesto la necessità di comunicare a *Propaganda Fide* questo "felice" avvenimento e quello dell'analoga cerimonia al monte Tabor (21 ottobre) per riaprire il discorso sul progetto "tolosiano". L'iniziativa era viva più che mai. Si trattava di un'opera "puramente nazionale, rivestita sotto forma di molta appariscenza". Importanti personalità laiche ed ecclesiastiche avevano offerto la loro solidarietà alla Custodia. Esse trovavano "poco conveniente la costruzione di un gran Tempio ove sono i più celebri santuari del mondo". In quell'iniziativa esse avevano individuato solo

> un mezzo per far disertare dai veri Santuari, che hanno l'impronta della cattolicità, per aprire delle chiese nazionali per giunta defraudando le elemosine del mondo cattolico, mentre per leggi di moltissimi Pontefici [tali elemosine] devono raccogliersi solamente per la conservazione e l'aumento dei Luoghi Santi [...] esistenti.

Diotallevi considerava "strano e contro lo spirito della Chiesa" il progetto di mons. Germain. Anche a Loreto la Santa Sede aveva proibito l'apertura di nuovi santuari, "per non far venir meno il decoro della Basilica ove si conserva la Santa Casa". *Propaganda Fide* avrebbe dovuto convincere l'arcivescovo di Tolosa a rinunciare al suo progetto e a impiegare le offerte da lui raccolte in favore di quello della Custodia. In caso contrario si sarebbe commesso un "gravissimo errore", suscettibile di provocare "disastrose conseguenze per il Cattolicesimo". Sarebbe stato "fomentato il nazionalismo ove la Chiesa si affermava con la sua cattolicità" e compromesso il "decoro" dei santuari della Custodia[49].

Questa perorazione non ricevette risposta, forse perché nel frattempo era stata la segreteria di Stato vaticana a occuparsi del problema. A inizio luglio il

---

47　*Diario di Terrasanta* del Custode F. Diotallevi, 103.

48　Evento che si voleva far coincidere con il viaggio di S. Francesco in Oriente nel 1219.

49　ACTS, *Propaganda Fide (1919-1922)*, Diotallevi a van Rossum, Gerusalemme, 22 ottobre 1919, 116-117.

card. Gasparri in persona aveva scritto a mons. Germain, nell'illusione di indurlo a rinunciare al suo disegno. Gli fece presente che non solo il patriarca latino
Camassei, ma perfino Benedetto XV la pensava come Diotallevi:

> [le Pontife] ne saurait encourager la réalisation du projet formé en votre
> diocèse. Il verrait, au contraire, avec satisfaction que les fonds recueillis
> chez vous fussent dévolus à l'œuvre [franciscaine] de la Basilique du
> Gethsemani qui est déjà en construction, et que les efforts concourussent
> à l'accomplissement d'une œuvre commune et unique. [...] [E]n fusion-
> nant ces œuvres de caractère analogue, on n'irait pas contre les intentions
> des pieux donateurs français, qui ont eu surtout en vue de témoigner leur
> reconnaissance et leur amour envers le Sacré-Cœur en contribuant à
> l'érection d'une Basilique dédiée à ce Cœur Adorable, à Jérusalem ou
> près de cette ville[50].

L'ostinato arcivescovo ritenne di non doversi piegare nemmeno ai desideri
del Pontefice. Riuniti i membri dell'*Archiconfrérie du Gethsémani* e i vescovi
delle altre diocesi francesi che nel frattempo avevano aderito all'iniziativa, ri-
badì le motivazioni esposte a Diotallevi l'anno precedente. Poi aggiunse che la
decisione di conservare alle offerte dei fedeli "leur destination primitive" era
stata presa "à l'unanimité[51]":

> Le Comité pense [...] qu'il est son devoir de garder à la France le mérite de
> la réalisation d'une entreprise française d'origine et d'inspiration. Il veut
> ainsi correspondre aux intentions de Notre Seigneur, qui a choisi spéciale-
> ment la France pour répandre dans le monde la dévotion au Sacré-Cœur!

Come se con queste frasi non avesse dimostrato a sufficienza la fondatezza
degli argomenti di Diotallevi sulla deriva nazionalistica dell'impresa, l'arcivescovo ne aggiunse altre ancor più esplicite: un fatto nuovo si era prodotto da
quando, un anno prima, il Custode aveva domandato di unire gli sforzi:

> De négociations engagées dés novembre 1917, ont abouti au début de
> septembre dernier, et le Gouvernement Français à mis à la disposition du
> Comité un vaste terrain particulièrement bien situé pour la construction
> de la future Basilique. Cette intervention de la France officielle prouve

---

[50] ACTS, *Segreteria di Stato (1908-1948)*, Gasparri a Germain, Roma, 1° luglio 1919, 48-51.
[51] Sottolineato nel documento originale.

l'intérêt qu'elle attache à l'œuvre, qu'elle juge opportune pour le maintien et l'accroissement de son prestige en Orient[52].

Una rinuncia "à l'autonomie de l'entreprise" sarebbe stata certamente percepita dal governo di Parigi come una prova dello scarso spirito nazionale del clero cattolico francese.

Il "terrain particulièrement bien situé" a cui alludeva mons. Germain era quello sul quale poggiavano i resti della basilica costantiniana dell'Eleona, donato nel 1874 allo stato francese da Aurelia Bossi, principessa de la Tour Auvergne[53]. Quest'antico santuario era addossato al monte degli Ulivi, quattrocento metri sopra al Getsemani e poche decine di metri a sud della basilica/moschea dell'Ascensione. Insomma, pareva proprio che la Francia mirasse a patrocinare la nascita dell'ennesimo santuario nazionale in Palestina. Di fronte alle mire del governo di Parigi e alla pertinacia dell'arcivescovo, il card. Gasparri si trovò in grave difficoltà. Consultatosi con il Pontefice, scrisse infine a Diotallevi di "non poter opporsi, senza gravi inconvenienti, al progetto del Comitato di Tolosa"[54]. Il cardinale non esplicitò le ragioni della sua arrendevolezza. Al Custode non dovevano essere resi troppi chiarimenti. A lui toccava solo obbedire.

Una spiegazione, tuttavia, può essere tentata: la Santa Sede in quegli stessi mesi stava faticosamente cercando di uscire dall'isolamento diplomatico, peraltro senza apprezzabili risultati. Ormai, i principali obiettivi che si era posta al termine della guerra – partecipare alla conferenza di pace di Parigi, essere ammessa alla Società delle Nazioni ed elevare la "questione romana" al rango di problema internazionale – stavano tutti naufragando[55]. Non deve perciò stupire la sua determinazione a evitare problemi con il governo di Parigi, con il quale era in trattative per riallacciare le relazioni diplomatiche interrottesi traumaticamente nel luglio 1904.

---

[52] ACTS, *Segreteria di Stato (1908-1948)*, Germain a Gasparri, Roma, 27 luglio 1919, 53-56.

[53] La principessa aveva acquistato il terreno nel 1868. Gli approfonditi scavi archeologici che vi aveva fatto eseguire da Simon Clermont-Ganneau avevano messo in luce un mosaico del quinto secolo sul quale erano inscritti dei salmi in lingua greca. Poi vi aveva fatto edificare una cappella e un chiostro, sul modello del Campo Santo di Pisa. Aveva inoltre finanziato la costruzione di un grande convento di clausura per le carmelitane dedicato al Pater (1872). Infine, dopo aver diviso l'intera proprietà immobiliare e terriera tra le carmelitane stesse e i padri bianchi, l'aveva donata alla Francia (1874). Alcuni scavi condotti dai padri bianchi nel 1910-1911 presso il chiostro moderno del Pater avevano messo in luce i resti di una chiesa a tre navate preceduta da un portico (identificata appunto con l'Eleona), oltre alla sacra grotta inferiore ritenuta il luogo dove Gesù amava trattenersi per riposare, pregare e istruire i suoi discepoli. Si trattava di una delle tre grandi basiliche volute da Costantino, edificata in ricordo dell'ascensione e dell'insegnamento di Gesù ai suoi discepoli sul conflitto tra bene e male (dopo la distruzione da parte dei persiani, i crociati vi avevano eretto una chiesa in ricordo dell'insegnamento del Padre Nostro agli apostoli).

[54] ACTS, *Segreteria di Stato (1908-1948)*, Gasparri a Diotallevi, Roma, 24 novembre 1919, 48.

[55] Cfr. S. MARCHESE, *La Francia e il problema dei rapporti con la Santa Sede (1914-1924)*, Napoli, Edizioni Scientifiche, 1969, 221.

Diotallevi, da parte sua, aveva previsto che non avrebbe trovato grande appoggio nelle gerarchie vaticane. Egli aveva temuto soprattutto l'ostilità di *Propaganda Fide*, irritata per la strenua resistenza che stava opponendo alle rivendicazioni del Patriarcato latino. Non si aspettava di essere abbandonato anche dal card. Gasparri, che invece aveva dato ripetute prove di simpatia per la Custodia. A scanso di equivoci, aveva già provveduto a inviare una comunicazione a tutti i Commissariati di Terra Santa sparsi per il mondo, affinché organizzassero petizioni da inviare al Pontefice contro il "progetto tolosiano".

Questa sua iniziativa però, avrebbe potuto produrre eventuali frutti solo a distanza di mesi. Nel frattempo, niente pareva arrestare l'impresa di mons. Germain: il 2 gennaio 1920, nel corso di un lungo viaggio in Palestina, l'arcivescovo di Rouen, card. Louis-Ernest Dubois, aveva posato la prima pietra del programmato "Tempio Nazionale Francese". Diotallevi non aveva presenziato alla cerimonia. Aveva però inviato i padri Gaudenzio Orfali e Barnaba Meistermann[56] in qualità di osservatori, con quest'ultimo che – invitato – si era rifiutato di firmare la pergamena di rito[57]. Nel riferirne al card. Gasparri, Diotallevi affermò che le continue manifestazioni di nazionalismo francese che avevano caratterizzato la visita del cardinale in Terra Santa erano state percepite con "disgusto" dalle autorità mandatarie, che al pari del corpo consolare si erano astenute dal presenziare alla cerimonia sull'Eleona e a quella nel Santo Sepolcro. Al ricevimento dei padri assunzionisti il cardinale aveva ripetutamente inneggiato al presidente del consiglio Georges Clemenceau. Poi aveva affermato che la progettata basilica del Sacro Cuore era fortemente voluta dal governo francese, il cui protettorato sulla Palestina era un diritto secolare che nessun'altra potenza poteva "contrastare". Il Custode ribadiva che molte personalità –

---

[56] Barnaba MEISTERMANN DA PFAFFEINHEIM (1850-1923), alsaziano, fu ordinato sacerdote il 20 luglio 1873. Membro del clero secolare, il 26 luglio 1875 entrò nell'Ordine dei Frati Minori nella provincia francese di San Ludovico, professando solennemente l'8 settembre 1879. Il 26 maggio 1893, dopo aver esercitato a lungo il ministero missionario in Cina, giunse al servizio della Custodia. Dell'importanza della sua attività scientifica sono testimoni le numerose opere pubblicate. Oltre a una celebre guida di Terra Santa di cui parleremo in seguito, meritano una citazione i seguenti volumi, pubblicando i quali si inserì nella contesa sull'autenticità dei santuari in possesso della Custodia: *Le Mont Thabor. Notices historiques et descriptives* (Paris, J. Mersch, 1900); *La Montagne de la Galilée où le Seigneur apparut aux Apôtres et le Mont Thabor* (Jérusalem, Imprimerie des PP. Franciscains, 1901); *Deux questions d'archéologie Palestinienne: I. L'Église d'Amwâs. L'Emmaüs-Nicopolis. II L'Église de Qoubeibeh. L'Emmaüs de S. Luc* (Jérusalem, Imprimerie des PP. Franciscains, 1902); *Le Prétore de Pilate et la fortresse Antonia* (Paris, Picard et Fils, 1902); *Le Tombeau de la Sainte Vierge à Jérusalem* (Jérusalem, Imprimerie des PP. Franciscains, 1903); *La patrie de Saint Jean-Baptiste. Avec une appendice sur Arimathie* (Paris, Picard et Fils, 1904); *La ville de David* (Paris, Picard et Fils, 1905); infine, *Capharnaum et Betsaide. Suivi d'une étude sur l'âge de La Synagogue de tell Houm* (Paris, Picard et Fils, 1921). Su di lui Cf. l'opuscolo commemorativo di L. OLIGER intitolato *P. Barnabas Meistermann O.F.M. 1850-1923. Ein elsässischer Missionar, Architekt und Palaestinologe*, Strassburg, Geselschaft Elsässische Kirchengeschichte, 1936.

[57] *Diario di Terrasanta* del Custode F. Diotallevi, 144-145.

alcune delle quali di nazionalità francese – ritenevano fosse "di sommo interesse" evitare l'edificazione di un'altra basilica vicino al Getsemani. Era infatti necessario non aumentare i dissensi in Palestina, dove il cattolicesimo avrebbe dovuto "mantenersi nella sua integrità". Le manifestazioni di nazionalismo avrebbero nuociuto alla Chiesa di Roma, "sia presso gli Scismatici, sia presso le nazioni Cristiane", le quali in seguito avrebbe agito "per rivalità"[58].

A metà del 1920, a questo problema se ne aggiunsero altri creati dai britannici, del tutto inaspettati per Diotallevi, vista l'iniziale simpatia mostrata da Ronald Storrs per gli scavi del Getsemani. Era un'inevitabile conseguenza della personalità del governatore militare di Gerusalemme, al tempo stesso affascinante e quanto mai contraddittoria. Nell'ottobre 1919 il generale Louis Jean Bols – capo dell'*Occupied Enemy Territories Administration (South)* – aveva concesso il permesso di costruire la basilica. A inizio giugno 1920 il Custode si era recato a colloquio con Bols per domandargli il permesso di edificare anche l'ospizio, visto che Storrs era restio ad accordarlo. La sua fretta era dettata dalla decisione britannica di metter fine al governo militare e di inviare in Palestina un alto commissario ebreo a capo dell'amministrazione civile[59]. Però non fece in tempo ad ottenere l'autorizzazione. Così a inizio luglio – una volta giunto in Palestina il tanto temuto alto commissario, sir Herbert Samuel – la situazione parve precipitare. Storrs (nel frattempo divenuto governatore civile del distretto di Gerusalemme) ormai manifestava contrarietà anche verso la costruzione della basilica, "per convinzione personale protestantica di pregare all'aperto" affermò Diotallevi[60]; ma anche, riteniamo di poter aggiungere, per ragioni di tipo artistico, ambientale e urbanistico, alle quali il governatore mostrava da

---

[58] ACTS, *Segreteria di Stato (1908-1948)*, Diotallevi a Gasparri, Gerusalemme, 15 gennaio 1920, 59-62 e ACTS, *Cronaca di Terra Santa* di Eutimio Castellani, vol. III (1906-1931), 371.

[59] *Diario di Terrasanta* del Custode F. Diotallevi, 188.

[60] Per la verità, nelle sue memorie Storrs afferma che sarebbe stata sua intenzione conservare il santuario come ai tempi di Cristo. Il governatore amava sinceramente quel luogo, che aveva avuto modo di apprezzare già nel corso del suo primo viaggio a Gerusalemme nel 1909. Era anche profondamente convinto della sua autenticità ("none is more beautiful, few so authentic as the Garden of Getsemane"). R. STORRS, *Orientations,* 351. Secondo lui, la Santa Sede avrebbe preparato un decreto per proibire l'edificazione della chiesa del Getsemani, decidendo infine di non emanarlo. Cfr. *ibid.* 352. In nessun archivio vaticano abbiamo trovato traccia delle bozze di un simile documento, né accenni alla sua elaborazione da parte di qualche congregazione romana. Solo dagli archivi nazionali britannici emergono notizie di una presunta contrarietà di Pio XI alla costruzione delle basiliche del Getsemani e del Tabor, fatte pervenire a Londra da diplomatici britannici accreditati presso la Santa Sede. Il pontefice avrebbe ritenuto che i finanziamenti ricevuti per le due basiliche avrebbero potuto essere "spent more wisely elsewhere". L'intera operazione era vista "largely as one of 'italianità', and it is dobtful whether the present Pope would have sanctioned it had his hand not been tied by the promise of his predecessor". BNA, FO 371/10087, E 4109/61/65, disp. n. 65, Cecil Dormer (primo segretario della legazione britannica presso la Santa Sede) a MacDonald (segretario di stato al *Foreign Office*), Roma, 6 maggio 1924.

sempre un'attenzione quasi maniacale[61]. Storrs si era riservato di decidere solo dopo aver visionato i progetti di Barluzzi di concerto con l'ingegnere della commissione edilizia municipale. Il 19 luglio Samuel, probabilmente influenzato dal giudizio di Storrs, aveva ordinato di sospendere i lavori della basilica[62], così predisponendosi ad avallare l'accusa sionista di essere il "genio del male" dietro l'alto commissario britannico. La motivazione offerta da Samuel fu che per decidere si sarebbe dovuto attendere la formazione della commissione per i Luoghi Santi prevista dalla Società delle Nazioni e dal testo del mandato britannico in preparazione[63]. Diotallevi fece notare che tale commissione avrebbe potuto intervenire solo su eventuali santuari in disputa, non su una proprietà privata della Custodia come nel caso del Getsemani. Ricordò anche che lo stesso Storrs gli aveva più volte riconfermato oralmente il permesso di edificazione dell'ottobre 1919. Queste perorazioni, tuttavia, non produssero alcun risultato. Nel corso dell'accesa discussione con i due funzionari, il Custode incontrò dif-

---

[61]   Thomas E. Lawrence (il celebre Lawrence d'Arabia) – che fu amico di Storrs al tempo in cui ambedue erano membri dell'*Arab Bureau* del Cairo (1916-1917) e in quella veste fomentarono la rivolta araba contro la dominazione turca – nel suo famoso volume *Seven Pillars of Wisdom* lo descrive come "the most brilliant Englishman in the Near East". Egli ne ricorda le qualità di funzionario e il suo arabo fluente, facendo però notare come amasse spendere gran parte delle sue energie interessandosi di arte, archeologia e letteratura. In effetti, nella sua lunga carriera di amministratore coloniale, Storrs dedicò grande attenzione alla preservazione delle antichità nei territori che fu chiamato ad amministrare. Nel settembre 1918 fondò la *Pro-Jerusalem Society* to "preserve the unique character and traditions of Jerusalem" con il sostegno di notabili locali, di patriarchi cristiani, *mufti*, rabbini e altre importanti personalità laiche e religiose. Obiettivo della società, secondo il suo statuto, era la "preservation and advancement of the interests of Jerusalem" e la "protection of and the addition to the amenities of Jerusalem, the provision and maintenance of [...] open spaces, the protection and preservation [...] of Antiquities, the encouragement of arts, handcrafts and industries". Cfr. R. STORRS, *Orientations,* 365. Fu probabilmente in questa veste che Storrs si preoccupò di non alterare ulteriormente l'aspetto della valle del Cedron, del monte degli Ulivi e del Getsemani. Proprio nel 1919 il governatore – di concerto con Charles Robert Ashbee – architetto e suo "civic advisor", oltre che vice-segretario della *Pro-Jerusalem Society* – emanò una serie di provvedimenti per preservare l'antica fisionomia della città. Per Ashbee, Gerusalemme era "the finest medieval walled city still standing". Fu innanzitutto la parte vecchia che egli intese a preservare. Non furono nemmeno dimenticate le altre aree della città. Venne infatti fatto espresso divieto di edificare nelle aree adiacenti la città vecchia, in particolare nella sua parte est, considerata l'unica che ancora conservasse l'originale paesaggio biblico. In quelle aree, inoltre, gli edifici non avrebbero dovuto superare una determinata altezza. Tra i provvedimenti amministrativi adottati da Storrs su suggerimento di Ashbee e tuttora in vigore, figura l'obbligo di utilizzare "local Jerusalem stones" per ogni tipo di attività edilizia. Cfr. S. GOLDHILL, *Jerusalem. City of Longing*, Cambridge (Massachussets), The Belknap Press of Harward University Press, 2008, 135-136. Su sollecitazione di Storrs e di Ashbee, fu anche abbattuta un'orrenda torre dell'orologio alla porta di Giaffa fatta edificare pochi anni prima dagli ottomani, numerose costruzioni addossate alle mura cinquecentesche (alcune delle quali di proprietà della Custodia) e perfino un alto muro nella basilica della Natività a Betlemme, che impediva la visione dell'iconostasi (operazione, quest'ultima, eseguita previo accordo miracolosamente ottenuto tra le comunità cristiane dello *status quo*).

[62]   L'ordine scritto fu fatto pervenire a Diotallevi il giorno successivo.

[63]   Sulla commissione per i Luoghi Santi cfr. *infra*, il par. intitolato *Epilogo sfavorevole della questione dei Luoghi Santi*.

ficoltà anche sul permesso per istituire una scuola ad Ein Karem, per ottenere il quale gli fu domandato di costruire una strada d'accesso alla scuola stessa. Ciò lo indusse a commentare che si trattava di una mera richiesta di "*bakshish* con nome diverso" e che ormai si era all'"inizio della trasformazione della Palestina in giudaica": i nostri "dirigenti si contentano delle buone parole e l'Inghilterra fa ciò che vuole [...] e qui vuol far prendere il primo possesso al sionismo"[64].

Qualche tempo dopo Diotallevi si recò in visita ai conventi di Siria. La decisione di procrastinare il ritorno di un giorno gli permise di scampare a un sanguinoso assalto beduino al treno sul quale avrebbe dovuto viaggiare. A trovare la morte furono quasi tutti i passeggeri europei, compreso il maestro ed economo del convento di Aleppo padre Leopardo Bellucci, in compagnia del quale aveva programmato il viaggio di rientro da Damasco a Gerusalemme[65]. Questa tragica morte si aggiunse alla perdita, poche settimane prima, di sei missionari francescani trucidati in Armenia[66], a dimostrazione di quanto – paradossalmente – in quel primo dopoguerra fosse divenuto ancor più pericoloso, almeno per i frati della Custodia, svolgere attività missionaria in alcune regioni d'Oriente.

Al ritorno in San Salvatore, una gradita sorpresa attutì un po' il dolore e il turbamento del Custode: al Getsemani, un paio di metri sotto lo strato medievale, era stata effettuata una sensazionale scoperta: le "fondazioni intere" della chiesa della seconda metà del quarto secolo, edificata anch'essa in ricordo della preghiera di Gesù e distrutta nel 614 dai persiani. Di essa si conosceva l'esistenza solo attraverso antichi resoconti di viaggio. Il ritrovamento era molto significativo. Esso smentiva tra l'altro la teoria – affermatasi dopo i primi approfonditi scavi effettuati nel primo decennio del Novecento e rafforzatasi in seguito ai sondaggi dell'immediato dopoguerra – secondo la quale la chiesa del secolo XI era stata edificata sulle fondamenta di quella bizantina. Nel presbiterio di quest'ultima era stata rinvenuta una grande pietra, prontamente identificata come quella sulla quale Gesù aveva fatto "l'ultima sua preghiera". Erano anche emerse le basi delle colonne e "bellissimi" frammenti di mosaico, residuo delle distruzioni operate dai persiani. Diotallevi riteneva che in Palestina non esistesse un "monumento del secolo IV più autentico di questo". Però, per mettere in luce l'abside – situata sotto la strada comune che portava alla colonna del bacio di Giuda – sarebbe stato necessario spostare nuovamente quella colonna

---

[64] *Diario di Terrasanta* del Custode F. Diotallevi, 196-199.

[65] Padre Leopardo fu ucciso il 20 agosto e "impalato dopo essere morto". ACTS, *Propaganda Fide (1919-1922)*, Diotallevi a van Rossum, Gerusalemme, 27 agosto 1920, 191.

[66] Ai sei missionari francescani – "orribilmente trucidati" in Cilicia come conseguenza del ritiro delle truppe francesi e della presa di possesso della regione da parte delle truppe kemaliste – furono tagliati "naso, orecchie, lingua e parti verende". ACTS, *Propaganda Fide (1919-1922)*, Diotallevi a van Rossum, Gerusalemme, 27 agosto 1920, 191.

e creare una nuova via d'accesso comune a tutti i pellegrini desiderosi di recarvisi a pregare. Siccome in gran parte erano greco-ortodossi, c'era da attendersi l'opposizione delle loro gerarchie. Non era nemmeno da trascurare il pericolo che le autorità mandatarie rifiutassero di concedere il permesso per realizzare quei lavori. Però Diotallevi non si sgomentava: "Il Signore ci ha fatto fare questa scoperta la quale in modo inoppugnabile dimostra l'autenticità del Santuario, [ed egli] ci aiuterà pure a superare le difficoltà"[67].

Gli eventi delle settimane successive parvero una clamorosa smentita dell'ottimismo del Custode. Visto il tenore delle decisioni di *Propaganda Fide* del 14 giugno 1920 sulle controversie tra Patriarcato e Custodia – secondo le quali la giurisdizione sui santuari era affidata al patriarca latino, mentre ai francescani ne era lasciata solo la custodia – Diotallevi era stato costretto a deferire l'intera questione a mons. Luigi Barlassina. Nel farlo gli suggerì di trattare preliminarmente e in via amichevole col governo mandatario e coi greco-ortodossi per poter effettuare lo spostamento della colonna e mettere interamente in luce la basilica bizantina. Il patriarca invece – visto che i francescani erano gli unici proprietari del terreno – ritenne che essi dovessero "procedere nei lavori" senza preavvertire nessuno. Il Custode, prudentemente, decise di domandare almeno il permesso del Dipartimento palestinese delle antichità. Il direttore di questo organismo, prof. John Garstang, si recò personalmente al Getsemani. Egli rimase "entusiasta" della nuova scoperta e "lodò molto" il progetto di Barluzzi per la nuova basilica[68]. Infine, avendo notato che i lavori venivano eseguiti "con intelligenza ed arte", decise di concedere l'autorizzazione a continuarli[69]. Il permesso scritto – giunto a San Salvatore il 29 settembre – permetteva di scavare "entro e fuori il recinto del Getsemani, cioè verso le rocce degli Apostoli", ritenute il luogo dove Pietro, Giovanni e Giacomo si sarebbero addormentati la notte della passione mentre Gesù pregava, sudava sangue e cadeva in agonia[70]. Il giorno successivo i francescani ripresero i lavori. L'ing. Barluzzi ordinò innanzitutto di "fare un recinto per evitare disgrazie"[71]. Poi fece riprendere gli scavi sotto la porta d'ingresso all'orto degli Ulivi, praticata in un muro costrui-

---

[67] ACTS, *Propaganda Fide (1919-1922)*, Diotallevi a van Rossum, Gerusalemme, 15 settembre 1920, 197-198.

[68] *Diario di Terrasanta* del Custode F. Diotallevi, 216.

[69] AGOFM, SK 735, *Terra Santa Custodia (1920-1923)*, "Pro memoria sul Getsemani" firmato da Diotallevi, Gerusalemme, 11 ottobre 1920 (carteggio non rilegato né numerato).

[70] Da lungo tempo (probabilmente dalla metà dell'Ottocento) i greco-ortodossi godevano del diritto di passaggio in prossimità di quelle rocce per recarsi a venerare la colonna del bacio di Giuda. I più solerti a utilizzarlo erano solitamente i pellegrini russi, di gran lunga i più numerosi a riversarsi in Terra Santa fino all'Ottocento.

[71] *Diario di Terrasanta* del Custode F. Diotallevi, 219.

to nel 1911 per delimitare la proprietà francescana. In tal modo si rese necessaria l'apertura di un'altra porta in quello stesso muro[72].

Il giorno successivo – 1° ottobre 1920 – "una turba di greci con qualche armeno[73] si recò armata al Getsemani, [dove] violentemente interruppe il lavoro" malmenando gli operai della Custodia. Diotallevi e Barluzzi si precipitarono sul posto. L'ingegnere fu violentemente spintonato da un monaco greco, che poi "mise le mani in tasca per impugnare una rivoltella". A metterlo in salvo fu il capo operaio, Abdallah Nasar Ciatara, reso particolarmente attento in seguito ai pugni e alle ombrellate precedentemente ricevute[74]. Il governo mandatario – accogliendo il ricorso degli ortodossi al rispetto dello *status quo* dei Luoghi Santi – ordinò subito la sospensione di ogni attività. Diotallevi replicò che quel ricorso non era fondato, visto che i francescani stavano semplicemente praticando "un'apertura in un muro costruito di recente"[75] per spostare la porta di accesso al giardino del Getsemani. Tuttavia, le autorità mandatarie furono irremovibili. Ritennero comunque – visto che greci e armeni continuavano ad affluire armati al Getsemani – di sciogliere l'assembramento e lasciare alcuni agenti di polizia a protezione dei francescani[76].

Barlassina, invece, ritenne di non dover protestare con le autorità governative, "nemmeno per le bastonate ricevute". Non solo, ma si illuse di risolvere la situazione mediante un accordo con il patriarca Damianos. D'intesa con questi (e senza preavvertirne Diotallevi) decise di formare una commissione mista per dirimere la questione. Il Custode fece notare che, per la bastonatura di operai che lavoravano su una proprietà della Custodia, il patriarca latino avrebbe dovuto piuttosto ricorrere al tribunale civile. Non era "decoroso" trattare con gli ortodossi, che si erano lasciati andare a violenze inaudite contro i francescani. Inoltre, istituire una commissione significava "riconoscere ai greci dei diritti che nemmeno loro stessi avevano sognato né preteso sul Getsemani". Infine, era

---

[72] AGOFM, SK 735, *Terra Santa Custodia (1920-1923)*, "Pro memoria sul Getsemani" firmato da Diotallevi, Gerusalemme, 11 ottobre 1920.

[73] Altrove Diotallevi precisò che questa "turba" era composta da "una quarantina di monaci greci e qualche armeno". AGOFM, SK 735, *Terra Santa Custodia (1920-1923)*, "Pro memoria sul Getsemani" firmato da Diotallevi, Gerusalemme, 11 ottobre 1920.

[74] *Diario di Terrasanta* del Custode F. Diotallevi, 221.

[75] *Diario di Terrasanta* del Custode F. Diotallevi, 221.

[76] In un memorandum inviato alcuni giorni dopo in Curia generalizia, Diotallevi fornì alcuni interessanti dati storici sulla colonna del bacio di Giuda. Essa era di esclusiva proprietà dei francescani, come dimostrava il fatto che da tempo immemorabile vi erano incise un'iscrizione latina e lo stemma della Custodia. Nel 1848 i frati minori l'avevano collocata nel muro a secco che delimitava la loro proprietà al Getsemani, sostituito il 6 giugno 1868 da un altro muro edificato in calce. Il Custode aggiunse che la colonna non aveva "più luogo d'esistere facendosi la Basilica nella quale tutti possono entrare". Tuttavia, la Custodia era disposta a collocarla fuori dalla sua proprietà, nel luogo che avrebbero stabilito le autorità locali, come da permesso da esse stesse rilasciato per la continuazione degli scavi. AGOFM, SK 735, *Terra Santa Custodia (1920-1923)*, "Pro memoria sul Getsemani" firmato da Diotallevi, Gerusalemme, 11 ottobre 1920.

ormai troppo tardi per mostrare un atteggiamento conciliante. Il patriarca avrebbe dovuto adottarlo prima dell'inizio dei lavori.

In effetti i greco-ortodossi, come previsto dal Custode, elevarono una protesta ufficiale contro le attività della Custodia al Getsemani, avanzando diritti sul terreno e perfino sulla futura basilica. Ovviamente, ogni trattativa con loro dovette essere interrotta. Per Diotallevi, Barlassina aveva mostrato arroganza e inesperienza anche nel non preavvertire le autorità mandatarie. Egli non se ne stupiva. In pochi mesi il patriarca era stato capace d'inimicarsi l'amministrazione civile britannica, con la quale era entrato in conflitto protestando ripetutamente per pretese violazioni dei diritti cattolici. Non era un caso se i funzionari britannici avevano deciso di sospendere i lavori e domandato al Custode e non a lui un promemoria sulla questione[77]. Gli inglesi si erano vieppiù irritati quando Barlassina, constatata l'impossibilità di accordarsi con i greco-ortodossi, aveva rimesso la questione al consolato di Francia. In tal modo aveva commesso l'ennesima ingenuità, dato che l'amministrazione mandataria non tollerava l'ingerenza di una potenza straniera in affari di sua esclusiva competenza, tanto più che la Francia stessa aveva appena deciso di rinunciare al protettorato religioso. A Londra avevano ormai mutato opinione. Tale protettorato non aveva più ragione di esistere dato che – affermavano – al corrotto dominio turco si era sostituita una potenza che governava secondo i principi del diritto anglosassone.

Il 15 novembre 1920, dopo un mese e mezzo di "interminabili pratiche e preghiere", le autorità mandatarie permisero la ripresa dei lavori di scavo (ma non di edificazione). Così, il giorno 18 fu ricostruita la "cinta per proteggere gli scavi" precedentemente distrutta dalla furia dei monaci ortodossi. Il giorno dopo fu anche ultimata la nuova porta d'ingresso all'orto degli Ulivi. I greci però non si diedero per vinti. All'alba del giorno successivo una sessantina di loro, armati di bastoni, si precipitarono al Getsemani. Distrussero di nuovo "tutti i lavori" realizzati e rimasero "assiepati" sul luogo pronti a impedirne la ripresa. Man mano che passavano le ore, ortodossi e armeni aumentavano di numero, assumendo un contegno sempre più "minaccioso". Diotallevi si inquietò per l'incapacità delle autorità mandatarie di far rispettare un loro stesso ordine, che permetteva la continuazione degli scavi. Gli parve inoltre imperdonabile che facessero arrestare i lavori a "ogni movimento inconsulto" dei greco-ortodossi: "Pare che li tema ma non così per il giorno di Pasqua quando si volevano ammazzare gli Ebrei! Allora avevano della forza!", si sfogò sul suo diario[78].

Ormai al Getsemani si erano riversati un gran numero di ecclesiastici e di

---

[77] ACTS, *Propaganda Fide (1919-1922)*, Diotallevi a van Rossum, Gerusalemme, 11 ottobre 1920, 199-202.

[78] *Diario di Terrasanta* del Custode F. Diotallevi, 235.

autorità: il console francese Louis Rais, il comandante della polizia, l'*Assistant Governor* di Gerusalemme Harry Charles Luke, il patriarca Barlassina con un paio di canonici, l'ing. Barluzzi, Gaudenzio Orfali e, naturalmente, Diotallevi con alcuni membri del suo Discretorio. Luke "arringò fortemente" gli ortodossi, definendo "scandaloso" il loro comportamento e minacciando gravi pene nei loro confronti, qualora avessero cercato di ripetere "la mala azione". I greco-ortodossi ne rimasero intimoriti. Visto che il funzionario britannico era determinato a far continuare gli scavi, essi finirono per assentire, purché a effettuarli fosse stato il Dipartimento delle antichità. Il prof. Garstang e l'ing. Barluzzi – forse per uscire dall'*impasse* – si mostrarono decisi ad accettare l'accomodamento. Diotallevi però si oppose, affermando che in tal modo si sarebbe permesso agli ortodossi di accampare pretese su una proprietà francescana e di "affacciare dei diritti per funzionare" nella nuova basilica[79]. Fu infine raggiunto l'ennesimo compromesso: gli scavi sarebbero stati effettuati dai francescani sotto la supervisione del Dipartimento delle antichità.

Il giorno successivo (20 novembre) – sotto la protezione degli agenti lasciati sul posto da Luke per permettere ai francescani di porre riparo alle devastazioni – veniva di nuovo ricostruito il recinto di protezione. Da quel momento gli scavi poterono proseguire alacremente. Grazie alla sua determinazione, Diotallevi era riuscito a eliminare i principali ostacoli che si frapponevano alla ricostruzione del santuario del Getsemani. Mancava solo il permesso edilizio per la basilica e per l'attiguo ospizio, che a quel punto non avrebbero potuto più tardare. Il 7 dicembre 1920 il Custode si recò al governatorato per ringraziare Luke delle sue "premure" e per il "felice esito ottenuto". Poi introdusse il discorso dell'autorizzazione, usando le consuete argomentazioni: "gli dissi che, avendo ottenuto il permesso di porre la prima pietra e quello di fare le fondazioni, ora chiedevo il permesso di costruire la chiesa facendo notare che non vi poteva essere difficoltà giacché [...] era un [...] libero terreno di nostra proprietà e che si era pronti [a] presentare disegni e piani"[80]. Luke rispose di pazientare ancora un mese prima di chiedere il permesso. I greco-ortodossi erano in procinto di risolvere le gravi questioni interne che li agitavano, causa – secondo lui – anche della dura opposizione che avevano manifestato contro i francescani; intendendo forse significare che tanta agitazione contro la Custodia era dipesa anche dal desiderio di gran parte dei membri del sinodo di usare la questione del Getsemani per screditare il patriarca Damianos, accusandolo di soverchia arrendevolezza verso i francescani. Luke, in ogni caso, rassicurò il Custode che la questione si sarebbe presto risolta "amichevolmente"[81].

---

[79] *Diario di Terrasanta* del Custode F. Diotallevi, 236.

[80] *Diario di Terrasanta* del Custode F. Diotallevi, 239.

[81] *Diario di Terrasanta* del Custode F. Diotallevi, 240. Su queste vicende cfr. anche il resocon-

In quegli stessi giorni Diotallevi metteva a punto gli ultimi dettagli per varare *La Terra Santa*. Ne aveva appena nominato i direttori, scegliendo il discreto Sabino Marotta per l'edizione italiana, il vicario custodiale Prospero Viaud per l'edizione francese e il padre Michele Alonzo per quella spagnola. La rivista svolse fin dall'inizio un ruolo fondamentale nel sollecitare l'aiuto dei fedeli di tutto il mondo affinché il sito del Getsemani, "venerato fin dall'origine del Cristianesimo come quello dell'Agonia del Salvatore", fosse "finalmente restituito al culto"[82]. *La Terra Santa* seppe suscitare particolare emozione rendendo nota la scoperta della chiesa del quarto secolo. La notizia fu ripresa da molti quotidiani e riviste specializzate ed ebbe l'effetto di moltiplicare le offerte necessarie a portare a termine l'impresa. Una mobilitazione necessaria, che però non sarebbe stata sufficiente se alle donazioni private non si fossero sommate quelle, molto cospicue, di gran parte degli Stati cattolici. Non a caso, una volta terminato, il santuario del Getsemani, oltre a quello di Chiesa dell'Agonia, assunse anche il nome di Chiesa di tutte le Nazioni.

La questione dei Luoghi Santi alla Conferenza di pace di Parigi

La nuova situazione creatasi in Terra Santa alla fine della guerra riaccese la speranza dei francescani di recuperare le posizioni perdute nei Luoghi Santi a partire dalla metà del Settecento. Già nel marzo 1918 Diotallevi – considerando il "trattamento speciale" che il congresso di pace avrebbe dovuto riservare alla Palestina[83] – aveva sollecitato il Discretorio ad approvare la sua proposta di una commissione di religiosi della Custodia, incaricata di redigere "un memoriale per la tutela dei diritti della cattolicità" nei santuari. Come presidente fu scelto padre Barnaba Meistermann e come membri Bernardino Devoti da Carasco, Antonio Testa, Emmanuele Trigo e Antonio Aracil[84]. L'iniziativa si rivelò una vera delusione. I cinque frati redassero una serie di saggi separati, non uno

---

to che ne fece Diotallevi a Propaganda Fide, in ACTS, Propaganda Fide (1919-1922), Diotallevi a van Rossum, Gerusalemme, 23 novembre 1920, 217.

[82] *La Terra Santa* I (1921) 10. A questo appello – contenuto nel primo fascicolo della rivista – ne seguirono diversi altri. All'inizio del 1922 il periodico scrisse: "I lavori saranno lestamente ripresi, le pietre che stavano aspettando saranno collocate al loro posto d'onore per la casa dell'orazione del Getsemani e speriamo si possa presto contemplare quest'insigne monumento della pietà e dell'arte cristiana ove l'anima possa effondere le sue lacrime con i dolori dell'Uomo-Dio e immergersi in Lui per avere forza, conforto e consolazione. Facciamo ora appello alla carità di tutti i Fedeli, affinché con il loro obolo concorrano alla costruzione della Casa del dolore e della preghiera per riavere dal cielo abbondantissime consolazioni". *La Terra Santa* II (1922) 5.

[83] Gli accordi franco-inglesi Sykes-Picot prevedevano l'internazionalizzazione della Palestina centrale, che comprendeva tutti i più importanti Luoghi Santi delle tre religioni monoteistiche.

[84] Cfr. ACTS, *Atti Discretoriali (1913-1921)*, seduta discretoriale del 7 marzo 1918, 182-183.

"studio collettivo" come suggerito loro da Diotallevi[85]. Questi perciò dovette ricorrere a Girolamo Golubovich perché desse "unità di concetto" a quei lavori, traendone "un unico memoriale da presentarsi al p[rossimo] Congresso della Pace"[86]. Egli riteneva che, nel caso la Santa Sede non avesse potuto intervenire direttamente a quella conferenza – visto il tenore dell'art. 15 del Patto di Londra stipulato il 26 aprile 1915 dall'Italia con le potenze dell'Intesa –, tutte le nazioni cattoliche dovessero appoggiare le richieste dei francescani. Il ruolo principale avrebbe dovuto svolgerlo la Francia dato che, almeno per il momento, la Santa Sede continuava a riconoscere il suo ruolo di potenza protettrice[87].

Nelle settimane successive il Custode inviò a Golubovich le traduzioni di alcuni firmani e brevi pontifici che giudicava necessari alla stesura del documento. Però padre Girolamo ritenne inutile mettersi all'opera. Nel frattempo infatti, l'archeologo e segretario dall'*Associazione Nazionale per Soccorrere i Missionari Cattolici Italiani* (ANSMI) Ernesto Schiaparelli aveva già fatto redigere una serie di studi in merito all'avvocato Pasquale Baldi[88]. Schiaparelli aveva poi voluto che lo stesso Golubovich, nel giugno 1918, si recasse a Roma per collaborare col Baldi, i cui lavori avrebbe dovuto attentamente rivedere. A Roma padre Girolamo si era limitato a elargire alcuni consigli. In fase di rilettura, invece, non aveva apportato alcuna modifica[89]. Egli trovò l'opera del Bal-

---

[85]   Antonio ARACIL si era occupato della *Rivendicazione del Sepolcro della Madonna*; Antonio TESTA de *Il Cenacolo*; Barnaba MEISTERMANN aveva redatto un *Exposé Sommaire de l'histoire et de l'état de l'église du Saint-Sépulcre à Jérusalem depuis son origine jusqu'à la conquête de la Palestine par les Arabes*; Emmanuele TRIGO aveva scritto sulla *Rivendicazione dei Luoghi Santi. Possesso dei Francescani nel S. Sepolcro durante il periodo della dominazione ottomana. (Con appendice sugli hogget e firmani che si conservano nell'archivio della Custodia)*; Bernardino DEVOTI DA CARASCO si era infine occupato de *I Luoghi santi. Studio storico giuridico*. Questi saggi – quasi tutti rimasti inediti – sono conservati al convento del Muski al Cairo, nell'archivio personale di Girolamo Golubovich (box 55).

[86]   AFCCOS, AGG, box 22, Diotallevi a Golubovich, Gerusalemme, 12 ottobre 1918.

[87]   ACTS, *Ministro generale (1913-1921)*, Diotallevi a Cimino, Gerusalemme, 12 ottobre 1918, 156.

[88]   I primi due lavori dell'avv. Baldi videro la luce rispettivamente nel novembre e nel dicembre 1918 con i seguenti titoli: *La questione dei Luoghi Santi. Note*, Torino, Tip. Bona, (87 pp.) e *Il santuario del Cenacolo*, Torino, Tip. Bona (37 pp.). Gli altri due volumi uscirono pochi mesi dopo: il primo (*La questione dei Luoghi Santi in generale*, Torino, Tip. Bona, 1919, 88 pp.) affronta la questione del protettorato religioso; il secondo (*La questione dei Luoghi Santi in particolare*, Torino, Tip. Bona, 1919, 73 pp.) tratta dei tre santuari contestati: la tomba della Vergine e le basiliche del Santo Sepolcro e della Natività.

[89]   Il 1° settembre 1918 l'avvocato Baldi scriveva a Golubovich: "Più procedo nel noto lavoro, e più ne apprezzo l'importanza e responsabilità [...]. Ho quindi molto bisogno del suo consiglio, dirò meglio, della sua cooperazione. Sottometto il tutto alla sua scrupolosa attenzione, perché sono persuaso che v'è molto da modificare, da aggiungere, da togliere. Come vedrà, io mi sono preoccupato in particolar modo di mettere in evidenza l'importanza politica della Questione de' Luoghi Santi, l'interesse che vi hanno apportato tutti i Governi delle nazioni Cattoliche, e più degli altri il governo della Repubblica Veneta". Quattro giorni dopo l'avvocato inviava a padre Girolamo la prima parte del saggio su *La questione dei Luoghi Santi*, chiedendogli di rivedere e correggere quanto aveva scritto. Golubovich nel suo diario afferma di essere rimasto ammirato dalla "modestia"

di "esauriente e completa" e – una volta ricevute le direttive del Custode sulla redazione del memorandum da presentare a Parigi – aveva ritenuto che l'avvocato fosse la persona più idonea per redigere quel documento. Visto il tenore degli studi appena redatti, Pasquale Baldi non impiegò molto a terminare il lavoro e a farlo pervenire allo stesso Golubovich. Questi lo rivide in tutta fretta giudicandolo "ottimo" e inviandolo a Diotallevi con preghiera di farlo stampare in francese e inglese, affinché potesse essere letto da tutti i plenipotenziari riuniti al congresso di pace[90].

Il documento giunse a Gerusalemme nella seconda metà di gennaio 1919. Anche i religiosi della Custodia competenti in materia lo giudicarono "eccellente"[91]. Le rivendicazioni erano identiche a quelle formulate nel 1852 e presentate al sultano ottomano dall'ambasciatore francese a Costantinopoli con il sostegno delle altre potenze cattoliche: vi si sottolineava innanzitutto l'azione del re di Napoli in favore dei francescani, culminata con l'acquisto del terreno attorno al Cenacolo, con l'acquisizione del diritto di abitare permanentemente nella chiesa del Santo Sepolcro e di prendere possesso della basilica della Natività e della tomba della Vergine. Poi veniva affrontato il tema delle capitolazioni e del progredire delle usurpazioni compiute dai greco-ortodossi nel XVII secolo, culminate con il firmano del 1757 che sottraeva gran parte dei diritti cattolici nei santuari a favore dei greco-ortodossi. Nel corso della battaglia diplomatica accesasi a metà Ottocento attorno ai Luoghi Santi – culminata nella guerra di Crimea e nella conferenza di pace di Parigi del 1856 – l'intervento della Russia aveva impedito ai francescani di ottenere giustizia.

Secondo il memorandum, l'indeterminatezza dei diritti di ciascuna denominazione cristiana aveva esposto i frati minori alle aggressioni delle comunità rivali, costringendoli a bagnare ripetutamente col loro sangue la soglia del Santo Sepolcro e della Grotta della Natività. La Custodia chiedeva che fossero esaminate le secolari controversie tra le comunità cristiane che avevano diritto di officiare nei Luoghi Santi. Domandava inoltre che fosse verificato il valore dei documenti storici prodotti da ciascuna di esse e che ognuna fosse messa definitivamente in possesso della parte che le spettava. Chiedeva insomma ciò che, verso la metà del secolo precedente, le Potenze cattoliche avevano preteso dalla Turchia, cioè il ritorno dei Luoghi Santi allo *status quo* esistente al momento delle usurpazioni commesse dai greco-ortodossi nel 1757, cioè il ritorno

---

e dalla "vasta erudizione" dell'avvocato Baldi: "Anima gentile! ho letto, divorato tutto, senza correggere nulla, nulla! tanto mi è sembrato perfetto, bello, e tutto nuovo e originale. [...] Non ho modificato né aggiunto una virgola!". Cfr. Il *Diario* manoscritto di Golubovich, in AFCCOS, AGG, box 39.

[90] "Questo memoriale – concluse Golubovich – non sarebbe che un *appello* alle Potenze interessate, e il lavoro del Baldi la *prova* de' nostri diritti". ACTS, *Fondo Architetti e Scrittori, Serie: Golubovich*: Golubovich a Diotallevi, Firenze (Borgognissanti 32), 25 dicembre 1918.

[91] AFCCOS, AGG, box n. 22, Diotallevi a Golubovich, Gerusalemme, 21 gennaio 1919.

allo *status quo* "che si era stabilito legalmente nel corso del XIV secolo, dopo la caduta definitiva del regno latino di Gerusalemme". Il quadro internazionale era profondamente mutato. Non sussistevano più i motivi di prudenza che avevano indotto la Francia, nel periodo immediatamente precedente la guerra di Crimea, a non sostenere con la dovuta convinzione le giuste rivendicazioni della cattolicità, nel timore di assumersi la responsabilità di una guerra. Adesso, niente poteva impedire ai cattolici di essere reintegrati nei loro diritti e possedimenti nei Luoghi Santi[92].

Il primo febbraio 1919 Diotallevi inviò il documento a *Propaganda Fide*, dichiarandosi piuttosto pessimista sulla possibilità di conseguire l'obiettivo sperato: "le difficoltà di ogni genere sono grandi assai e [...] i nemici e falsi amici sono sempre con l'arco teso"[93]. Quattro giorni prima il Custode aveva annunciato al delegato dell'alto commissariato francese a Gerusalemme[94], Paul-Marie Durieux, la sua intenzione di consegnare il memoriale al suo governo affinché lo presentasse alla conferenza di pace con il sostegno delle altre potenze cattoliche. Il *Quay d'Orsay* aveva risposto che sarebbe stato il ministro degli Esteri in persona ad occuparsene. Così Diotallevi fece pervenire a Durieux una serie di plichi – contenenti il memorandum e le relative lettere di raccomandazione –, da consegnarsi al *Quai d'orsay* e ai rappresentanti italiano, britannico, statunitense, giapponese, portoghese, polacco, belga e cecoslovacco alla conferenza di pace. Attraverso la missione militare italiana in Palestina, plichi simili furono fatti pervenire al ministero degli Esteri, al re Vittorio Emanuele, al Papa, al ministro generale e a vari prelati, primi fra tutti i cardinali van Rossum e Gasparri. Quest'ultimo, in particolare, fu pregato di "esercitare l'alta sua influenza per il felice esito di questa santa causa"[95].

Nel frattempo, greco-ortodossi e armeni avevano deciso di inviare a Parigi loro rappresentanze per difendere i rispettivi diritti nei santuari. Così il 30 dicembre 1918 il Discretorio decise che Diotallevi – accompagnato da Girolamo Golubovich – facesse intendere le ragioni della Custodia al congresso di pace. Il Custode concordava, e forse era stato proprio lui a sollecitare il suo consiglio a deli-

---

[92] Una copia del memorandum, in lingua francese, è conservato in ACTS, *Cronaca di Terra Santa* di Eutimio Castellani, vol. III (1906-1931), inserito tra le pp. 322 e 323. Il testo è stato riprodotto da Bernardin COLLIN in *Recueil de documents concernant Jérusalem et les Lieux Saints*, Jerusalem, Franciscan Printing Press, 1982, 52-61 e in *Le problème juridique des Lieux Saints*, Paris, Sirey, 1956, 173-181. Sulla questione della presentazione del memoriale alla Conferenza della pace e delle conseguenze diplomatiche da essa provocate cfr. lo stesso B. COLLIN, *Le problème juridique des Lieux Saints*, 83-103, P. PIERACCINI, *Gerusalemme, Luoghi Santi e comunità religiose nella politica internazionale*, 209-251 e A. GIOVANNELLI, *La Santa Sede e la Palestina*, 72-77.

[93] ACTS, *Propaganda Fide (1919-1922)*, Diotallevi a van Rossum, Gerusalemme, 1° febbraio 1919, 3-4.

[94] All'epoca le autorità d'occupazione britanniche non avevano ancora permesso la riapertura dei consolati a Gerusalemme.

[95] A. GIOVANNELLI, *La Santa Sede e la Palestina*, 74.

berare in tal senso. Però il ministro generale Serafino Cimino era di avviso contrario. Egli riteneva erroneamente che il Custode fosse filo-francese, visto che aveva presentato al governo di Parigi sia il memorandum per la conferenza della pace sia la nota dei danni subiti in guerra dalla Custodia per ottenere il risarcimento ottomano[96]. Però il Discretorio – riunito in tutta fretta da Diotallevi – aveva ribadito la sua decisione. Infine il Custode, con la caparbietà che gli era propria, riuscì a convincere padre Cimino a invitarlo a Roma per discutere di quella questione e di altre non meno delicate rimaste in sospeso, come il grave conflitto con il Patriarcato latino, l'edificazione delle basiliche al Getsemani e al Tabor, la "deleteria" iniziativa dell'arcivescovo di Tolosa e la necessità di celebrare convenientemente il settimo centenario del viaggio di San Francesco in Oriente.

Partito il 16 marzo 1919 per la Città Eterna, Diotallevi vi fece ritorno solo tre mesi dopo (17 giugno). Giunto a Roma, non tardò a ottenere il permesso di recarsi a Parigi. A ribaltare la decisione di padre Cimino furono il card. Gasparri e Benedetto XV, che lo ricevettero in udienza il 2 aprile approvando "pienamente" il contenuto del memorandum e ritenendo corrispondente alle esigenze diplomatiche della Santa Sede la sua determinazione a volerlo presentare personalmente ai plenipotenziari riuniti a Versailles. Da una parte il Pontefice e il segretario di Stato erano preoccupati di vedere i Luoghi Santi cadere in mano ai sionisti. Dall'altra, vista la ferma intenzione delle potenze dell'Intesa di escludere la Santa Sede dalle trattative di pace, pensavano di servirsi di Diotallevi per far sentire la loro voce almeno sulla questione dei santuari. La volontà del Custode fu osteggiata fino all'ultimo da padre Cimino, dal protettore dell'Ordine card. Giustini e dal governo italiano. Giustini e Cimino cercarono in tutti i modi di far recedere Diotallevi dal suo proposito. Essi affermarono che, se "per caso si comprometteva il Custode non vi sarebbe stato rimedio", mentre se a Parigi fosse andata "una commissione, il Custode avrebbe avuto l'ultima parola"[97]. Il governo di Roma, dal canto suo, temeva che la Francia approfittasse dell'occasione offertale dal Custode per accollarsi da sola l'iniziativa della difesa dei diritti latini in Oriente in sede di conferenza di pace, riaffermando in tal modo il suo antico diritto di protezione religiosa sulla Custodia di Terra Santa e sui cattolici d'Oriente più in generale[98]. Diotallevi ricevette pressioni

---

[96] Diotallevi riteneva comunque che – come nel 1852 le rivendicazioni latine erano state presentate dall'ambasciatore francese a Costantinopoli con il sostegno delle altre potenze cattoliche –, anche in questo caso la Francia avrebbe dovuto fare altettanto.

[97] *Diario di Terrasanta* del Custode F. Diotallevi, 92.

[98] Cfr. S. I. MINERBI, *L'Italie et la Palestine, 1914-1920*, 168. Scrisse a questo proposito il 6 aprile 1919 il direttore generale degli Affari esteri Gaetano Manzoni al ministro degli Esteri Sidney Sonnino, dopo che Diotallevi si era recato da lui per esporgli la situazione: "La venuta costà del Custode potrebbe coincidere con una azione da parte dei circoli francesi interessati per la difesa dei diritti latini in Oriente e degli interessi speciali della Custodia in Palestina. In questa maniera la Francia assumerebbe essa l'iniziativa della difesa della latinità cattolica in Oriente, giovandosi op-

dal ministero degli Esteri italiano, con il quale era in contatto anche perché in quegli stessi mesi il governo di Roma pareva in procinto di ottenere il Cenacolo dal sultano ottomano; una questione che stava particolarmente a cuore ai francescani, visto che il governo italiano avrebbe subito ceduto il santuario alla Custodia. Nonostante ciò, padre Ferdinando tenne duro, dimostrando che l'accusa di "italianità" – rivoltagli soprattutto dal governo e dalla stampa francese dell'epoca e da diversi studiosi nei decenni successivi – non aveva grande fondamento: come scrisse nel suo diario, la sua volontà di recarsi a Versailles derivava solamente dal "proposito di tutelare i Luoghi Santi senza mene politiche e prendendo i favori da dove mi venissero"[99].

Partito per la capitale francese l'8 aprile[100], il Custode fece ritorno a Roma a fine mese. Si recò subito dal ministro generale, da Gasparri e dal Pontefice per riferire sulla sua missione. A suo dire, tutti rimasero soddisfatti. Purtroppo non abbiamo informazioni dettagliate sulla sua missione a Versailles. Diotallevi fece certamente pervenire un memorandum in merito alla Santa Sede, ma non siamo stati in grado di reperire il documento. Sappiamo, da brevi accenni contenuti in una lettera da lui scritta oltre vent'anni dopo, che il Custode ebbe "vari colloqui con diversi rappresentanti cattolici", ma che "l'ostinata opposizione" di George Clemenceau finì per rivelarsi decisiva. Il primo ministro francese rifiutò di prendere in considerazione il memoriale di Diotallevi, affermando seccamente di "non voler essere il Sacrestano del Santo Sepolcro"[101].

I dissidi tra Patriarcato latino di Gerusalemme e Custodia di Terra Santa

Uno dei problemi più delicati che Diotallevi si trovò ad affrontare al suo arrivo a Gerusalemme, fu quello dei dissidi col Patriarcato latino di Gerusalemme, riaccesisi dopo un cinquantennio di apparente tranquillità in contemporanea con l'occupazione britannica di Gerusalemme. Però non fu quest'ultimo sensazionale evento a riaprire le controversie con l'autorità diocesana. Fu piuttosto il fatto che, nella sostanza, la legislazione canonica sulle competenze rispettive di Patriarcato e Custodia fosse rimasta quella approssimativa del 1847 e degli anni immediatamente successivi; una normativa soggetta a essere interpretata a vantaggio di un'istituzione o dell'altra, qualora ai vertici di una o di entrambe

---

portunamente della presenza del padre Custode a Parigi, per affermare la protezione francese su quell'istituto e per mantenere la sua posizione di fronte alla cattolicità". *I Documenti Diplomatici Italiani*, Serie VI (1918-1922), vol. III, doc. 129, 138.

   [99] *Diario di Terrasanta* del Custode F. Diotallevi, 92.

   [100] Ad accompagnarlo furono i padri Pasquale Robinson e Nazario Rosati e non Girolamo Golubovich.

   [101] AGOFM, SK 742, *Custodia di Terra Santa* (1936-1941), Diotallevi a Leonardo Maria Bello (ministro generale dell'Ordine dei frati minori), Falconara Marittima (Convento di S. Antonio), 20 giugno 1940.

fossero assurti superiori poco inclini al compromesso. Tale legislazione preve-
deva, tra l'altro, il mantenimento di diversi privilegi in favore della Custodia e
lasciava irrisolte molte questioni, tra le quali quella dell'amministrazione delle
elemosine, quella della giurisdizione sui Luoghi Santi e quella sulle scuole.
Alcuni problemi tornarono alla ribalta già alla fine del 1917, quando Custodia
e Patriarcato erano retti dal presidente custodiale Eutimio Castellani[102] e dal
pro-vicario patriarcale Franz Fellinger[103]. Alcuni eventi verificatisi negli anni
1918-20 aumentarono le controversie: l'emanazione del breve pontificio *Inclytum Fratrum Minorum conditorem* (14 ottobre 1918)[104], l'arrivo in Palestina
di mons. Luigi Barlassina in veste di vescovo ausiliare (26 ottobre 1918), l'abbandono della diocesi da parte del patriarca Camassei (maggio 1919) e la nomina di Barlassina stesso alla sede patriarcale latina di Gerusalemme (8 marzo
1920). Il sommarsi di fattori di carattere personale e di elementi strutturali di
carattere giuridico-istituzionale suscitarono la ripresa delle corrispondenze dai
toni accesi e le reciproche diffidenze caratteristiche dei primi tre lustri di governo del primo patriarca latino di Gerusalemme, mons. Giuseppe Valerga (1848-
1863).

I ricorsi a *Propaganda Fide* contro la Custodia si moltiplicarono, seguiti
dalle giustificazioni e dai controricorsi dei francescani: a detta del Patriarcato,
la Custodia aveva sovente "valicati i limiti delle proprie attribuzioni" a danno
del prestigio e dell'autorità ordinaria: nel Natale del 1917 Eutimio Castellani,
in assenza del patriarca latino, del vescovo ausiliare e del Custode, aveva inteso
fare l'ingresso solenne nella basilica della Natività a Betlemme e celebrarvi le
festività. Padre Castellani aveva inoltre preteso di fare un ingresso solenne al

---

[102] Eutimio Castellani (1874-1946), nativo di Cave (Roma), fu ordinato sacerdote il 4 giugno
1898. Tra il 1915 e il 1939 assunse sovente l'ufficio di presidente custodiale, in particolare durante
il primo conflitto mondiale. Fu eletto nella seduta discretoriale del 7 settembre 1915 in seguito alla
nomina del Custode Serafino Cimino a ministro generale. Rimase costantemente al suo posto, af-
frontando difficoltà d'ogni genere, fino a metà febbraio 1918, data l'impossibilità di inviare in
Terra Santa un nuovo Custode per via del conflitto mondiale in corso. Fu anche cronista e archivista
della Custodia (l'atto discretoriale di nomina è del 23 maggio 1918), e in seguito guardiano di
Betlemme e di Emmaus, oltre che presidente del *Terra Santa College* e discreto di Terra Santa.

[103] Fellinger era scampato alla deportazione perché di nazionalità austriaca.

[104] Il breve *Inclytum Fratrum Minorum Conditorem* – promulgato in occasione del settimo
centenario della Custodia di Terra Santa – richiamando la lettera apostolica *Salvatoris* di Leone XIII
e le decisioni adottate da *Propaganda Fide* con lettera del 20 febbraio 1891, riconfermava ai francescani di Terra Santa i loro privilegi rispetto ai Luoghi Santi: "Haec Nos commemorata volumus,
septimo iam exeunte saeculo, ex quo Seraphicus Patriarcha in Palaestinam venit; eo magis quod,
considerantes quemadmodum his difficillimis temporibus Fratres Minores in Terrae Sanctae custodia se gesserint, eos videmus suorum maiorum laudibus omnino dignos exstitisse. Quare cum san-
ctam et salutarem eorum operam magni a Nobis fieri profitemur, tum quam habent a decessoribus
Nostris demandatam sibi curam Loca Sancta custodiendi, eam libentissime eisdem confirmamus
cum omnibus iuribus, privilegiis et indulgentiis quibus usque adhuc usi sunt". Cfr. *Acta Apostolicae
Sedis*, Romae Typis Polyglottis Vaticanis, 1918, 437-439. Cfr. anche ACTS, *Cronaca di Terra Santa* di Eutimio Castellani, vol. III (1906-1931), 334-337.

Santo Sepolcro nel primo sabato di Quaresima dell'anno successivo, "senza i canonici e il clero patriarcale, [...] a discapito della autorità patriarcale". Nel Natale del 1918, per la celebrazione della messa nella Grotta della Natività a Betlemme, il cerimoniere della Custodia si era sostituito a quello del Patriarcato, determinando "il turno anche dei sacerdoti secolari e di altri Istituti religiosi". Il 14 ottobre 1918 il Custode Diotallevi aveva celebrato una messa pontificale con canto del *Te Deum* nella cattedrale del Santo Sepolcro per la liberazione della Terra Santa, emanando inviti ufficiali alle autorità religiose e civili senza farne parola a mons. Camassei, nonostante questi fosse stato nel frattempo liberato dall'esilio di Nazareth e fosse quindi in grado di comunicare direttamente con Gerusalemme. Il Custode, inoltre, sempre senza farne cenno al patriarca, nel dicembre 1918 aveva preparato il memorandum da presentare alla conferenza di pace di Parigi per rivendicare i santuari "usurpati" dagli "scismatici" ed era poi partito di nascosto da Gerusalemme per patrocinare la causa dei cattolici a quel congresso. Padre Diotallevi aveva anche autorizzato il cardinale inglese Francis Bourne a "pontificare" nella cattedrale del Santo Sepolcro e inoltrato al console di Francia una domanda di risarcimento per i danni di guerra all'insaputa del patriarca. Infine, i frati minori stavano progettando grandi restauri e costruzioni di santuari (al Getsemani, alla Visitazione e al Tabor in particolare) senza l'autorizzazione dell'autorità ordinaria[105].

Mons. Barlassina, a firma del quale giunsero a Roma la maggior parte dei ricorsi, sottolineò in seguito anche i più generali e annosi problemi della distribuzione delle elemosine e dell'ingerenza del Custode sulle scuole "dipendenti economicamente dalla Custodia"[106]. Ma, soprattutto, criticò la pretesa dei francescani di volersi presentare alle autorità britanniche come gli unici rappresentanti della Chiesa cattolica per la questione dei Luoghi Santi; infine chiese a *Propaganda Fide* di imporre l'uso del calendario patriarcale nella basilica del Santo Sepolcro.

I padri di *Propaganda* esaminarono questi nuovi conflitti di giurisdizione nella Congregazione generale del 14 giugno 1920. Il card. Michele Lega – incaricato di presentare le controversie ai colleghi perché prendessero i provvedimenti necessari a farle cessare – fece notare che lo spirito di concordia e di unione fra le due istituzioni era assolutamente necessario "nel momento presente". Bisognava "dare serio ed efficace sviluppo alla Religione Cattolica nei luoghi più santi del mondo" e fronteggiare l'espandersi dell'anglicanesimo e del

---

[105] Il tenore delle proteste patriarcali giunte fino alla prima metà del 1919 a *Propaganda Fide* può essere ricavato tra l'altro dalla lettera datata 23 giugno 1919 (prot. 1651/19) con la quale il card. van Rossum le rese note a Diotallevi per intimargli di giustificarsi. Cfr. ACTS, *Propaganda Fide (1919-1923)*, 20-24 e AES, *Africa, Asia, Oceania* (1903-1922), fasc. 3.

[106] Cfr. ACTS, *Propaganda Fide*, libro "P" (1919-1923), van Rossum a Diotallevi, Roma, 13 luglio 1919, 24-25.

protestantesimo in Terra Santa. I religiosi della Custodia e delle altre congregazioni della Palestina avrebbero dovuto incrementare lo "zelo apostolico" ed "eliminare ogni carattere e ogni meschinità di gretto nazionalismo; impiegar meglio le [...] risorse e cooperare più cordialmente col Patriarcato al bene delle anime"[107].

Tra gli "energici" e "straordinari" provvedimenti adottati da *Propaganda Fide*, il più importante fu il riconoscimento al patriarca, in qualità di rappresentante della Santa Sede, della tutela sui Luoghi Santi "patrimonio della Chiesa Universale", indipendentemente dalla congregazione religiosa alla quale fossero affidati. Il Custode e i superiori degli altri istituti cattolici non avrebbero potuto innovare, restaurare o edificare senza l'esplicito consenso del patriarca. In tutte le questioni riguardanti la tutela dei Luoghi Santi, il diritto di rappresentare la Chiesa cattolica spettava al patriarca. Questi, tuttavia, non avrebbe potuto agire senza essersi preventivamente consultato con il Custode. Quest'ultimo, dal canto suo, era tenuto a consentire l'accesso all'archivio centrale di San Salvatore per la consultazione dei documenti necessari ad approntare la difesa dei diritti della Chiesa di Roma nei santuari.

Riguardo alle scuole di Palestina e, "tassativamente", a quelle dirette e mantenute dalla Custodia, si sarebbe dovuto obbedire al Codice di diritto canonico appena emanato; in particolare alle prescrizioni che conferivano all'ordinario il diritto di visita in tutte le scuole della sua diocesi per la formazione religiosa e la morale e di vegliare affinché l'insegnamento impartito e i libri adottati non fossero contrari ai principi della fede e del "buon costume". Inoltre, la Custodia avrebbe continuato a pagare al Patriarcato la cifra annua di 75.000 franchi "alla pari con l'oro". I cardinali respinsero però la pretesa di mons. Barlassina di imporre l'uso del calendario diocesano nella basilica del Santo Sepolcro. Inoltre, in assenza del patriarca e del vescovo ausiliare, l'ingresso solenne a Betlemme la vigilia di Natale avrebbe dovuto "spectare Custodi aut eius vice-gerenti".

Per arginare l'"invasione" degli "acattolici", il patriarca avrebbe formato un consiglio "per lo sviluppo e il buon andamento [...] degli istituti di educazione". Tale organismo avrebbe dovuto funzionare sulla base di una "proposta concreta" avanzata dal medesimo patriarca e vi sarebbero stati rappresentati tutti gli ordini religiosi dediti all'istruzione. Si sarebbe inoltre dovuto dare "speciale sviluppo all'insegnamento della lingua araba [...] propria del paese, e all'inglese che facilita[va] agli alunni l'adito agli impieghi onde meglio contrapporsi alla propaganda protestante". Si sarebbero anche esperite opportune pratiche per ottenere, "anche in via diplomatica", che dette scuole potessero rilasciare "diplomi per l'insegnamento, professioni civili ecc." e cercare di ottenere per

---

[107] ACPF, *Acta*, vol. 291 (1920), Congr. gen. del 14 giugno 1920 "circa la situazione religiosa delle Missioni di Palestina", 294r+v.

dette scuole dei "sussidi pecuniari governativi". Si sarebbero infine dovuti potenziare gli istituti d'insegnamento di "arti e mestieri" e le colonie agricole[108].

Nel far pervenire le decisioni del 14 giugno 1920 a Custode e patriarca, il card. Guglielmo van Rossum affermò che era necessario ripristinare e "rinsaldare nel miglior modo lo spirito di pace e di concordia tra la Custodia e il Patriarcato". Le due istituzioni, secondo il prefetto di *Propaganda*, avevano il "grave obbligo morale" di raggiungere la "pace" e la "concordia": ciò era imposto dalle "gravissime attuali circostanze", le quali esigevano che tutte le congregazioni religiose cattoliche si unissero "col vincolo indissolubile della carità [...] per fronteggiare i pericoli che minaccia[va]no [...] lo sviluppo di N[stra] Santa Religione nelle Missioni di Palestina"[109].

Nel comunicare queste decisioni in Custodia, il ministro generale Serafino Cimino – benché fosse stato egli stesso Custode di Terra Santa (marzo 1914-maggio 1915) – mostrò la massima acquiescenza. La Custodia poteva sperare "qualche cosa di meglio" da *Propaganda Fide*. Però i suoi frati non avrebbero dovuto perdersi in discussioni. Essi, "da veri figli di S. Francesco, sempre obbedienti ai voleri della Chiesa", avrebbero dovuto accettare quel che il Signore aveva disposto per il "maggior bene"[110] della missione. In Custodia, però, non mostrarono la medesima arrendevolezza. Per molti religiosi fu difficile accettare che le prerogative ribadite alla Custodia da Benedetto XV (1914-1922) con il breve *Inclytum Fratrum Minorum conditorem* del 14 ottobre 1918 circa la salvaguardia dei Luoghi Santi fossero drasticamente rimesse in discussione. Col passare delle settimane, a San Salvatore crebbe l'ostilità verso Barlassina, anche perché il patriarca stava loro creando problemi nei campi più svariati, soprattutto rispetto alla tutela e all'edificazione di nuovi santuari, oltre che alla raccolta delle elemosine[111].

Riguardo ai Luoghi Santi, nella recente disputa al Getsemani il patriarca aveva trattato con i greco-ortodossi senza preavvertire Diotallevi; poi, visto che non riusciva ad appianare la questione, aveva cercato aiuto presso il consolato francese. In tal modo si era attirato nuove ostilità da parte delle autorità britanniche, le quali rifiutavano l'esercizio di ogni forma di protettorato religioso in Palestina. Anche le congregazioni francesi si erano allontanate da lui. Nell'ottobre 1920 queste ultime – che pure avevano inviato alla Santa Sede una peti-

---

[108] Cfr. ACPF, *Acta*, vol. 291 (1920), Congr. gen. del 14 giugno 1920 "circa la situazione religiosa delle Missioni di Palestina", 296-298. Cfr. anche, in ACTS, la lettera di van Rossum a Diotallevi (Roma, 30 giugno 1920) riprodotta nel libro della corrispondenza con *Propaganda Fide (1919-1923)*, 178-186 e nella *Cronaca di Terra Santa* di Eutimio Castellani, vol. III (1906-1931), 429-436.

[109] Cfr. ACTS, *Propaganda Fide (1919-1923)*, van Rossum a Diotallevi, Roma, 30 giugno 1920, 178-180.

[110] ACTS, *Ministro generale (1913-1921)*, Cimino a Diotallevi, Roma, 9 luglio 1920, p. 284.

[111] Cfr. ACTS, *Propaganda Fide (1919-1923)*, Diotallevi a Robinson, Gerusalemme, 12 gennaio 1921, 228-229.

zione per ottenere la sua nomina –, già si "mordevano le mani" e stavano brigando per cercare di allontanarlo definitivamente dalla Terra Santa. Il Custode era conscio di non potersi appellare direttamente al Pontefice, vista l'espressa proibizione di *Propaganda Fide*[112]. Diotallevi faceva presente a van Rossum che non faceva nulla per "disturbare la pace col Patriarca". Però si trovava in una situazione davvero imbarazzante: mentre da un lato non poteva né doveva "agire per i Santuari", dall'altro – "attesa la rottura del Patriarca col Governo inglese" – le autorità mandatarie si rivolgevano continuamente alla Custodia "per addivenire ad un'intesa ed aggiustare l'affare". La situazione del cattolicesimo in Terra Santa era più "buia" di quanto a *Propaganda Fide* potessero immaginare. Diotallevi intendeva farlo presente al prefetto per "declinare ogni responsabilità avanti a Dio e agli uomini"[113].

Il Custode infine, per far pervenire le sue suppliche al Pontefice e in Segreteria di Stato, decise di appellarsi al card. Oreste Giorgi, protettore dell'Ordine dei frati minori. Per Diotallevi, la decisione di attribuire al patriarca la "vigilanza" sui Luoghi Santi e lasciarne ai francescani solo la custodia materiale – "con i relativi esclusivi diritti di ricevere sempre i dispetti e spesso le bastonate e le coltellate degli scismatici" – fosse stata "la ferita più forte" mai inflitta alla Custodia e all'intero Ordine dei frati minori. La decisione sarebbe stata foriera di pessime conseguenze per il cattolicesimo, il quale avrebbe finito per perdere ogni prestigio e gran parte dei suoi "imprescrittibili" diritti sui santuari. Benedetto XV – con la "fine intuizione" che gli era propria – avrebbe certo voluto essere informato della situazione. Giorgi non avrebbe dovuto domandare "alcun favore particolare": "solo che possibilmente si ritorni all'antico sistema, che diede buona prova per sette secoli", visto che le decisioni adottate da *Propaganda Fide* il 14 giugno precedente erano "in perfetta opposizione a quanto aveva dato il Santo Padre [con il breve *Inclytum*] confermando l'operato di oltre 60 pontefici" suoi predecessori[114].

Tanta determinazione nei religiosi della Custodia acuì i loro già difficili rapporti con *Propaganda Fide* e produsse un progressivo inasprirsi delle controversie. Pareva riproporsi la medesima situazione degli anni 1848-63, quando alle maldestre decisioni di *Propaganda Fide* seguivano puntualmente le resistenze dei francescani, i ricorsi del patriarca Giuseppe Valerga alla Congregazione e al Pontefice e litigi sempre più accesi tra le due istituzioni.

---

[112] ACTS, *Ministro generale(1913-1921)*, Diotallevi a Cimino, Gerusalemme, 11 ottobre e 10 novembre 1920, 308 e 320.

[113] ACTS, *Propaganda Fide (1919-1923)*, Diotallevi a van Rossum, Gerusalemme, 10 novembre 1920, 209-210.

[114] ACTS, *Ministro generale (1913-1921)*, lett n. III/1027, Diotallevi a Giorgi, Gerusalemme, 10 dicembre 1920, 337-343.

Termine delle controversie con il Patriarcato latino

La contesa tra Patriarcato e Custodia era a questo punto quando Diotallevi si apprestava a varare il periodico *La Terra Santa*. Se rispetto al Getsemani il Custode continuava a manifestare un ottimismo perfino esagerato, il modo in cui evolveva la vicenda dei rapporti con il Patriarcato latino non gli appariva molto confortante:

> Con l'aiuto di Dio [si] è chiuso quest'anno [1920] in cui la Custodia ebbe
> molto da soffrire per causa dell'ostinazione del card. van Rossum e più
> di mons. Camillo Laurenti, segretario di Propaganda, che ad ogni costo
> vogliono sostenere il patriarca anche se le cose siano più lampanti del
> sole in favore della Custodia. Dell'atteggiamento di Propaganda verso la
> Custodia, tutti, quantunque ne veggano l'ingiustizia, ne approfittano[115].

In realtà, la Custodia non tardò a recuperare l'antico splendore e molte delle antiche prerogative. Il conflitto col Patriarcato si placò tre anni dopo (12 aprile 1923), quando il Pontefice e la segreteria di Stato ottennero da *Propaganda Fide* una revisione delle decisioni del 14 giugno 1920 in favore dei francescani: i diritti e i privilegi riconosciuti e confermati dalla Santa Sede ai frati minori dopo l'instaurazione del Patriarcato sarebbero dovuti rimanere "inviolati", e salvaguardate "le facoltà che a quei religiosi competevano in virtù dell'esenzione canonica"; l'amministrazione delle offerte raccolte a beneficio della Terra Santa sarebbe interamente rimasta ai francescani; una parte di dette elemosine sarebbe stata devoluta al patriarca, nella misura di 75.000 franchi annui; una percentuale di questa cifra sarebbe stata eventualmente restituita ai francescani, secondo tempi stabiliti, a seconda dell'entità di altri proventi introitati dal Patriarcato; il Custode di Terra Santa e il Discretorio avrebbero potuto disporre a loro discrezione delle somme raccolte "pro ordinarii necessitatibus" della Custodia e dei Santuari; nel caso di esborsi straordinari eccedenti la somma di 20.000 franchi, i frati minori avrebbero dovuto chiedere il consenso di *Propaganda Fide*; per la difesa dei santuari "contra violentias acatholicorum", patriarca e Custode avrebbero dovuto operare di comune accordo; nei casi più urgenti i francescani avrebbero potuto agire in modo "diretto e immediato", dandone notizia al patriarca nel più breve tempo possibile; nei casi meno urgenti i religiosi non avrebbero potuto iniziare alcuna "actione iudiciaria" senza il permesso del patriarca; per i lavori di riparazione dei santuari, frati minori e religiosi di altri Ordini avrebbero potuto procedere liberamente solo in caso di interventi ordinari e necessari; in caso di restauri richiedenti un'ingente somma di denaro oppure destinati a cambiare la struttura o la grandezza dell'edificio, sarebbe

---

[115] *Diario di Terrasanta* del Custode F. Diotallevi, 247.

stato necessario il consenso del patriarca; era proibita la costruzione di nuove cappelle e oratori senza il permesso di *Propaganda Fide*; era parimenti proibito dichiarare l'autenticità di nuovi santuari e celebrarvi il culto prima che uno speciale consiglio si fosse pronunciato in merito[116].

Il card. van Rossum, nel comunicare il documento a Barlassina e a Diotallevi, raccomandò "spirito di carità, di concordia e di unione tra Custodia e Patriarcato"; doti assolutamente necessarie "di fronte all'impressionante risveglio degli antichi e nuovi nemici del cattolicesimo"[117], greco-ortodossi, protestanti ed ebrei in particolare. Questo accomodamento venne accettato piuttosto a malincuore in Patriarcato. I francescani, invece, se ne compiacquero molto. Significativamente, ancor prima che fossero rese note queste decisioni, il ministro generale fece celebrare una "messa votiva" in Sant'Antonio per la felice conclusione della vicenda.

Sollecita edificazione delle basiliche del Getsemani e del Tabor

Anche i lavori al Getsemani e al Tabor si conclusero in breve tempo e senza soverchi ostacoli. Per il Tabor – superate le obiezioni degli ispettori del Dipartimento delle antichità sull'impatto paesaggistico e offerte loro le desiderate garanzie sulla preservazione delle antichità attorno e sotto la chiesa da edificare – rimasero solo i problemi per l'approvvigionamento della grande quantità d'acqua necessaria e quelli logistici, consistenti nel trasporto dei materiali da costruzione da Afula e da Nazareth fino alla sommità del monte[118].

Riguardo al Getsemani, dopo la scoperta della basilica bizantina, l'ing. Barluzzi aveva dovuto modificare il progetto originario. D'accordo con i francescani aveva deciso di distruggere le fondamenta edificate nel corso dell'estate 1920 sulla planimetria della chiesa medievale e di fabbricare il nuovo santuario su quello del quarto secolo. La costruzione – nelle parole dello stesso Barluzzi – "fu aumentata di un decimo nella superficie per spingere i muri sopra le rocce degli Apostoli, che restarono nella parte inferiore incluse nella basilica"[119].

---

[116] Cfr. il *"modus vivendi inter R.P.D. Patriarcham Hierosolymitanum Latinorum atque R. P. Custodem Terrae Sanctae O.F.M"*, in ACTS, *Propaganda Fide (1923-1938)*, 5-8; ACTS, *Patriarcato latino (1893-1923)*, 366-369; e ACTS, la *Cronaca di Terra Santa* di Eutimio Castellani, vol. III (1906-1931), 508-512.

[117] Cfr. la lett. n. 875/23, van Rossum a Barlassina, Roma, 12 aprile 1923, in *Archivio Storico del Patriarcato latino di Gerusalemme* (APLG), *Custodia di Terra Santa*, Relazioni col Patriarcato: "Modus Vivendi" e "l'Antico Patriarcato" (1918-1923) (fogli non rilegati e non numerati).

[118] In cima al monte si giungeva inizialmente mediante bestie da soma. Solo in seguito – una volta aperta una strada di cinque chilometri in sostituzione dell'antica mulattiera – fu possibile usare mezzi motorizzati. Inoltre, la Custodia si occupò anche del rifacimento di dodici chilometri di strada da Afula al Tabor. Cfr. T. PETROZZI, *Il monte Tabor e dintorni*, Gerusalemme, Franciscan Printing Press, 1976, 195.

[119] ACTS, *Fondo Architetti e Scrittori, Serie: Barluzzi*, fasc. 16, "Relazione dei lavori eseguiti al

Le autorità britanniche approvarono "in massima" il disegno di Barluzzi. Cercarono però di imporgli un'altezza inferiore per la basilica, nell'intento di ridurre l'impatto paesaggistico. Il Custode obiettò a Luke – ormai suo interlocutore privilegiato – che l'ingente materiale da costruzione giacente da tempo al Getsemani era stato acquistato in base al disegno già presentato dalla Custodia. Poi gli fece notare come le autorità mandatarie non creassero le stesse difficoltà agli ebrei, che "potevano a loro agio seppellire sul monte Oliveto"[120]. L'abile funzionario britannico non gradì l'obiezione, ma continuò a mantenere un atteggiamento equilibrato quando in seguito dovette intervenire nella questione.

Armatosi di tutta la calma e la pazienza francescana di cui era dotato, Barluzzi si recò a discutere della questione con la commissione edilizia, riuscendo ad appianare ogni divergenza. L'amministrazione mandataria, però, concesse l'autorizzazione edilizia solo nel gennaio 1922. Per il permesso al Getsemani, Harry Luke trattò a lungo con i greco-ortodossi, desideroso di sgombrare il campo da futuri problemi di ordine pubblico. Egli riteneva essenziale raggiungere un accordo preventivo, visto che spesso in Palestina i conflitti prendevano spunto da pretesti di carattere religioso (egli ne aveva tutte le ragioni, visto che proprio a lui – in qualità di sostituto dell'alto commissario – sarebbe toccato gestire la rivolta araba del 1929 che, scaturita da un incidente al muro del Pianto, causò 250 vittime).

I greco-ortodossi esigevano soprattutto libero accesso alla colonna del bacio di Giuda. A Diotallevi il problema non pareva difficile da superare. In effetti, per la colonna Barluzzi era riuscito a individuare una collocazione che – pur con qualche sacrificio per la Custodia – non avrebbe recato pregiudizio alla costruzione della basilica. Il Custode era invece sgomento del fatto che – vista la nuova legislazione canonica di *Propaganda Fide* sui rapporti tra Custodia e Patriarcato – spettasse a Barlassina rilasciare la dichiarazione sul tracciato definitivo del passaggio verso la colonna e sulla collocazione della colonna stessa, da realizzarsi nel corso dei lavori. Come previsto, il patriarca latino avanzò obiezioni pretestuose che fecero infuriare Luke, in particolare quella che i greco-ortodossi potessero affacciare pretese sulle rocce degli Apostoli. Diotallevi fece sfoggio di inusitata delicatezza per convincere il patriarca a firmare la dichiarazione e a lasciar cadere ogni riferimento alle rocce. Non fu un obiettivo facile da conseguire, dato che in quei mesi i francescani stavano sforzandosi di rimettere in discussione le decisioni di *Propaganda Fide* sulle rispettive competenze di Patriarcato e Custodia. Infine, molto di malavoglia, Barlassina inviò a Luke la tanto desiderata dichiarazione, contenente però espressioni non abba-

Getsemani per conto della Custodia di Terra Santa", redatta da Barluzzi il 31 dicembre 1923, 1.
[120] *Diario di Terrasanta* del Custode F. Diotallevi, 299.

stanza esplicite. Luke gliela rispedì immediatamente, indicandogli gli esatti termini da impiegare per redigerla. Le condizioni per ottenere il permesso erano principalmente il mantenimento del "passaggio libero" per i pellegrini di ogni denominazione religiosa alla colonna del bacio di Giuda e la realizzazione della basilica "secondo il piano fatto dall'ing. Barluzzi"[121].

Barlassina, piccato, stavolta tardò a rispondere. Diotallevi riuscì a convincere Luke – che aveva ripetutamente minacciato i francescani di disinteressarsi della questione di fronte alle continue intemperanze del patriarca[122] – a pazientare ancora un po'. Infine, dietro nuove caute sollecitazioni dei francescani, la dichiarazione giunse sul tavolo del funzionario britannico nei termini desiderati. L'ultimo problema Barlassina volle crearlo rifiutando di recarsi personalmente al governatorato per sottoscrivere ufficialmente la convenzione con il patriarca Damianos. Luke gli impose di cedere, pena la perdita di ogni diritto da parte dei francescani. Era ormai chiara la sua esasperazione e il desiderio di far prevalere l'autorità della potenza mandataria. Di fronte a queste condizioni, il patriarca dovette cedere. Il 6 gennaio 1922 il tanto desiderato permesso di costruzione fu finalmente rilasciato. Il giorno successivo Diotallevi condusse Barlassina al Getsemani, visto che il patriarca non si era mai degnato di recarsi a controllare "l'intero materiale" da costruzione acquistato molti mesi prima dai francescani. Gli comunicò la sua intenzione di

> togliere le aiuole dei fiori, che davano un aspetto profano, per ridurre il giardino ad orto con erbe da prato e fiori del paese, sembrando[gli] così di poter meglio rappresentare lo stato del giardino dei tempi di Nostro Signore, addivenendo [in tal modo] più atto alla contemplazione[123].

Il 10 gennaio 1924 Diotallevi, esausto ma soddisfatto, poté finalmente celebrare una messa a San Salvatore, "in ringraziamento a S. Antonio[124] e in suffragio delle anime del purgatorio, per il permesso avuto dal governo per costruire la basilica del Getsemani"[125].

Da quel momento, ogni problema parve appianarsi. Il 1° marzo giunse il permesso della municipalità per la costruzione dell'ospizio. Il giorno 8 ebbe luogo lo spostamento della colonna del bacio di Giuda fuori dal recinto del terreno della Custodia, "di nuovo incastrata nel muro del giardino, due metri più

---

[121] *Diario di Terrasanta* del Custode F. Diotallevi, 328.

[122] In quei frangenti Luke affermò di non aver "incontrato mai al mondo una persona così intrattabile come il patriarca" Luigi Barlassina. *Diario di Terrasanta* del Custode F. Diotallevi, 328.

[123] *Diario di Terrasanta* del Custode F. Diotallevi, 330.

[124] Da pochi mesi Sant'Antonio era stato dichiarato santo protettore della Custodia dal Pontefice, proprio su iniziativa di Diotallevi.

[125] *Diario di Terrasanta* del Custode F. Diotallevi, 331.

su dal posto che ha occupato finora". In tal modo – affermò Orfali che si occupò del lavoro assieme all'ing. Barluzzi – "ce la toglieremo dalla vicinanza della basilica dove sarebbe una vera spina nell'occhio"[126]. Quell'operazione permise anche di liberare da ogni "servitù" le rocce degli Apostoli, collocate dietro l'abside della chiesa bizantina e perciò anche di quella in via di costruzione.

L'8 ottobre 1923, dopo sei mesi di estenuanti trattative segrete – grazie all'amicizia di Orfali con il vescovo Timoteos e all'erogazione di un "vistoso *bakshish*" di 300 lire egiziane all'ingegnere del Patriarcato greco-ortodosso – Diotallevi siglò un nuovo accordo con il patriarca Damianos: gli ortodossi rinunciavano al loro antico diritto di passaggio accanto alle rocce degli Apostoli, in cambio dell'abbandono di un analogo diritto di passaggio e di culto dei latini nella chiesa del *Viri Galilei* sul monte degli Ulivi (quest'ultimo diritto era tra l'altro solo annuale, ma comprendeva anche la rinuncia al diritto di culto, che i greco-ortodossi invece mantenevano alla colonna del bacio di Giuda, anche se in un luogo leggermente diverso)[127].

Eliminato ogni tipo di "servitù" al Getsemani, i francescani poterono far risaltare la continuità tra le rocce degli Apostoli e la roccia ritenuta il luogo della preghiera di Gesù. Quest'ultima sarebbe rimasta al centro della nuova basilica, come lo era stata di quella bizantina. Ormai ogni ostacolo era stato rimosso. In pochi giorni i francescani distrussero il vecchio muro presso le rocce degli Apostoli e ne edificarono un altro per racchiuderle interamente all'interno della loro proprietà. La colonna, invece, rimaneva fuori dalla proprietà francescana, in una nicchia esterna ricavata sulla strada pubblica, di fronte alla chiesa russa di Maria Maddalena. Fu anche chiusa la porta d'ingresso all'orto degli Ulivi – fino allora situata a sud del muro di cinta –, per aprirne un'altra sul lato est. Questi lavori furono effettuati senza soverchi problemi, anche perché in quei giorni Storrs era in congedo matrimoniale. Con lui Diotallevi aveva sempre intrattenuto rapporti molto cordiali tranne quando, con suo grande dispiacere e sconcerto, si era trattato di permessi di edificazione al Getsemani. Il suo sostituto, Harry Luke, non ebbe difficoltà a concedere questa nuova autorizzazione, dimostrando ancora una volta la sua "deferenza" verso la Custodia. Il 20 ottobre Storrs giunse rilassato e di buon umore al Getsemani, ansioso di far conoscere la novella sposa al Custode. In quel frangente dovette constatare la sua totale "sconfitta", visto che l'ospizio era praticamente terminato e i lavori di edificazione della basilica proseguivano speditamente.

Da tempo, quattrocento operai erano impiegati nella costruzione del santuario dell'Agonia e trecento per quello della Trasfigurazione; due monumenti che

---

126 Cfr. la relazione di Orfali a Diotallevi, riprodotta dal Custode stesso nel suo *Diario di Terrasanta* del Custode F. Diotallevi, 382.

127 Testo dell'accordo, in ACTS, *Cronaca di Terra Santa* di Eutimio Castellani, vol. III (1906-1931), 516-517 e in *Diario di Terrasanta* del Custode F. Diotallevi, 402-403.

Diotallevi definì, informando il Pontefice sul progredire dei lavori, "i più grandi [...] che il Cattolicesimo abbia in Oriente"[128]. Le opere però erano maestose e non potevano essere terminate entro il 13 febbraio, data di scadenza del custodiato di Diotallevi. Il ministro generale ne dovette prolungare di sei mesi il sessennio, per permettergli di presenziare all'inaugurazione delle basiliche del Tabor e del Getsemani ancora in veste di Custode. Per la consacrazione Diotallevi ottenne che il Pontefice inviasse – in veste di suo legato – il protettore dell'Ordine dei frati minori card. Oreste Giorgi. Questi due grandi santuari furono benedetti rispettivamente il 1° e il 15 giugno 1924. Alle solenni celebrazioni al Getsemani presero parte alcuni rappresentanti del corpo consolare e dell'amministrazione mandataria, i superiori di molte congregazioni cattoliche, il prefetto delle cerimonie pontificie Carlo Respighi, illustri arcivescovi cattolici orientali come Gregorio Hajjar, prelati di *Propaganda Fide* come Cesare Pecorari, il vicario apostolico d'Egitto Igino Nuti (già segretario di Diotallevi) e ben quattro ex custodi divenuti vescovi: i monsignori Aurelio Briante, Frediano Giannini, Onorato Carcaterra e Serafino Cimino. Non mancò di presenziare nemmeno mons. Luigi Barlassina, che neppure stavolta perse occasione per mettere scompiglio tra gli illustri prelati presenti, in particolare disputando con mons. Giannini per problemi di giurisdizione ecclesiastica sulla Palestina[129]. Poche centinaia di metri più in alto invece, i lavori per la basilica del Sacro Cuore promossi da mons. Germain sui resti di quella bizantina dell'Eleona procedevano a rilento. Diotallevi poté verificarne il totale arresto per mancanza di finanziamenti già a fine 1927, quando fece ritorno a Gerusalemme in qualità di presidente e prefetto agli studi dello *Studium biblicum franciscanum*.

Il Pontefice, nella lettera indirizzata al card. Giorgi prima della partenza per la Terra Santa, si felicitò del fatto che per decorare l'interno della "bellissima" chiesa a tre navate sul Tabor, "di stile tra il roman[ico] e il siriano", fosse stato tenuto conto al tempo stesso "dell'arte e della pietà". Mostrò anche soddisfazione per la chiesa edificata in mezzo agli "antichissimi" ulivi dell'orto del Getsemani, dotata di una "facciata bellissima che guarda alla santa città ed ha il timpano ornato d'un mosaico le cui immagini cantano la gloria di Cristo". Barluzzi, dal canto suo, spiegò in seguito che per l'esterno di quest'ultimo santuario aveva scelto un'"'architettura classica", che "dava meglio il senso dell'universalità a correggere tendenze nazionalistiche un po' diffuse in quel tempo". Con il "pronao grandioso e solenne" l'ingegnere aveva inteso santificare "la meditazione salvifica di Cristo", mentre attraverso il "raccoglimento austero dell'in-

---

[128] ACTS, *Segreteria di Stato (1908-1948)*, Diotallevi a Pio XI, Gerusalemme, 24 luglio 1923, 379-380.

[129] Cfr. P. PIERACCINI, "Il Patriarcato latino di Gerusalemme (1918-1940). Ritratto di un patriarca scomodo: mons. Luigi Barlassina" (parte seconda), *Il Politico* LXIII (1998), 599-600.

terno" aveva voluto facilitare al pellegrino il ricordo e la contemplazione dell'agonia di Gesù.

Elemento caratterizzante della basilica del Tabor era invece la luce, che rievocava "l'apparizione luminosa di Gesù nella gloria del Padre ai tre Apostoli estatici e tremanti":

> E luce piove abbondante dalla doppia serie delle finestre superiori attraverso marmoree transenne con chiari vetri opalescenti; e scintillio come di fari accesi danno i vetri alabastrini dell'abside centrale [...]; e, contro ogni consuetudine, illuminata è la stessa cripta dal suo artistico finestrone a tutto sesto[130].

Diotallevi, nell'informare il Pontefice dell'avvenuta inaugurazione delle due basiliche e nel ringraziarlo del favore col quale aveva guardato all'impresa, affermò che i due templi avevano anche ricevuto il plauso di protestanti, "scismatici" e musulmani. Nell'essersi tanto speso per edificarle sperava di aver "posto una nuova pietra per l'edifizio dell'unità della Chiesa, il cui bisogno si fa[ceva] di giorno in giorno sempre più sentire fra dissidenti e infedeli". Egli affermò che la Custodia aveva inteso riedificare le basiliche soprattutto per "riaffermare la gloria di Gesù Cristo ed i diritti della Chiesa Cattolica in Terra Santa". Dopo la prima guerra mondiale, i pericoli per il cattolicesimo erano notevolmente aumentati. Particolarmente temibile gli pareva l'insidiosa infiltrazione protestante protetta dalle autorità mandatarie. Per questo in Palestina si sentiva il bisogno di nuovi successi per la Chiesa di Roma, capaci di aumentarne ulteriormente il prestigio[131]. Il Custode riteneva che i francescani stessero offrendo un notevole contributo in tal senso, in particolare edificando i santuari del Tabor e del Getsemani e preparandosi a far risorgere la basilica dell'Annunciazione a Nazareth[132].

---

[130] Caratteristica dell'edilizia artistico-religiosa di Barluzzi – nei casi del Tabor e del Getsemani come nei suoi numerosi lavori successivi – fu l'esecuzione di studi meticolosi sulle antichità esistenti nel sottosuolo (spesso antiche chiese medievali, se non addirittura bizantine), che furono recuperate e integrate armoniosamente nel progetto. Il suo proposito era innanzitutto "piegare l'arte a esprimere il sentimento provocato" dal mistero della vita di Cristo che si celebrava nel santuario oggetto di restauro o di edificazione, in modo da facilitare al fedele di "ambientarsi, di ricostruire nella sua mente l'episodio evangelico, di avvivare e dirigere l'emozione religiosa, di concentrare la meditazione con sentimenti adatti al mistero da contemplare". Anche nel caso di modesti resti di costruzioni dei secoli anteriori – frammenti di mura e di mosaici pavimentali, come nel caso del Getsemani e del Tabor – Barluzzi riteneva necessario conservarli, "come testimonianza del culto anteriore, e cioè dell'autenticità del Luogo Santo, sia come elemento emotivo che ricollega la nostra pietà a quella degli antenati". Cfr. *Custodia di Terra Santa (1342-1942)*, Gerusalemme, Tip. dei Padri Francescani, 1951, 97-116.

[131] ACTS, *Segreteria di Stato (1908-1948)*, Diotallevi a Pio XI, Gerusalemme, 23 giugno 1924, 423.

[132] La "santa iniziativa" di Nazareth fu particolarmente gradita a Pio XI. Il Pontefice volle far

Ritrovato prestigio della Custodia e iniziative culturali di Diotallevi

Negli ultimi anni di governo di Diotallevi, la Custodia si era completamente risollevata dalle distruzioni della guerra: erano state riaperte le scuole, le parrocchie e le istituzioni di beneficenza e di ospitalità[133]; molte di esse erano state ampliate e altre ancora fondate *ex novo*; erano anche state restaurate ed edificate diverse chiese e santuari e ulteriori opere di tal sorta erano in cantiere. Nell'intento di combattere i "nemici del Cattolicismo", il Custode dedicò molte delle sue energie per imprimere "forte sviluppo" alle scuole e all'"organizzazione della gioventù"[134]. Erano ripresi gli scavi archeologici – in particolare a Cafarnao –, dove sotto la guida di Gaudenzio Orfali[135] era anche in programma la ricostruzione della sinagoga[136]. Era stato inoltre inaugurato uno Studio biblico

giungere a Diotallevi il "Suo augusto incoraggiamento". Implorò inoltre "dal Cielo le più ampie ricompense ed i più eletti favori" ai benefattori che avessero contribuito all'opera "apportando aiuti e soccorsi". ACTS, *Segreteria di Stato (1908-1948)*, Gasparri a Diotallevi, Roma, 5 luglio 1924 (questa lettera fu pubblicata su *La Terra Santa* IV [1924] 190). Anche nel caso di Nazareth, l'appello ai fedeli e alle nazioni cattoliche perché contribuissero "con slancio" alla realizzazione del desiderio dei francescani e dello stesso Pontefice fu diffuso attraverso la rivista. Cfr. *La Terra Santa* IV (1924) 189. Però in quest'occasione i lavori non proseguirono spediti come per le basiliche del Getsemani e del Tabor. Fu necessario attendere la seconda metà degli anni Sessanta per veder sorgere – anche in questo caso sui resti di antiche rovine – il santuario dell'Annunciazione. Sulla questione cfr. Masha HALEVI, "The Politics Behind the Construction of the Modern Church of Annunciation in Nazareth", in *The Catholic Historical Review*, 96 (2010) 27-55.

[133] I pellegrini continuavano a essere ospitati, assistiti e guidati gratuitamente dai francescani nella loro visita ai Luoghi Santi.

[134] AGOFM, SK 735, *Terra Santa Custodia (1920-1923)*, lett. n. A. 1743, relazione di Diotallevi a Bernardino Klumper (ministro generale) "sulla Custodia di Terra Santa", dicembre 1922, 4. I fedeli della diocesi patriarcale latina di Gerusalemme erano nel frattempo divenuti 22.240, dei quali 15.020 dipendevano dalle parrocchie della Custodia. Le parrocchie francescane del basso Egitto avevano cura di 77.406 fedeli, mentre quelle di Cipro 796 (purtroppo il Custode non cita il dato relativo alla Siria e al Libano).

[135] Gaudenzio Orfali (1889-1926) nacque a Nazareth da genitori armeno-cattolici originari di Urfa. Vestì l'abito francescano nella sua città natale il 14 febbraio 1905 e fu ordinato sacerdote il 21 dicembre 1912. Studiò scienze bibliche al Collegio S. Antonio (1913-1915) e teologia all'Università di Friburgo (1915-1917). Dopo aver ottenuto la licenza in scienze bibliche presso la Pontificia Commissione Biblica (1919) fece ritorno in Terra Santa. Fu valente archeologo e primo direttore dello *Studium Biblicum Franciscanum* (1924-1926). Morì prematuramente il 20 aprile 1926 in un incidente stradale. Stava recandosi da Cafarnao a Gerusalemme per presiedere una riunione della *Palestine Oriental Society* (vedi nota successiva), della quale era divenuto presidente il 17 dicembre 1925. Il Custode di Terra Santa Aurelio Marotta ritenne una "perdita irreparabile" la sua morte: "non abbiamo altro Religioso versato nelle materie archeologiche della Palestina da poter rappresentare i Francescani nel movimento scientifico attuale presso la società archeologica governativa" (due anni prima era morto anche Barnaba Meistermann). ACTS, *Ministro Generale (1925-1929)*, Marotta a Klumper, 21 aprile 1926, 137.

[136] A inizio autunno 1919 il Custode iniziò a temere che – in "seguito all'irruzione ebraica in Palestina" – i sionisti intendessero rivendicare le rovine della sinagoga di Cafarnao, la cui ricostruzione non era ancora iniziata in assenza di fondi e del permesso delle autorità militari britanniche. Per realizzare il lavoro era necessaria una "spesa fortissima". Da dodici anni vi lavorava il padre francescano Wendelin Hinterkeuser (architetto), che nel corso di una decennale campagna di scavi

alla Flagellazione (7 gennaio 1924), per permettere alla Custodia di partecipare alla "rinascita delle ricerche palestinologiche [e] al dibattito dei problemi archeologici e scritturistici tuttora in attesa di soluzione o non [...] sufficientemente chiariti"[137]. In questo caso, ad avere per primo l'idea era stato il Custode di Terra Santa Frediano Giannini (1901-1905)[138]. Essa non ebbe seguito, anche a causa di una lunga serie di obiezioni avanzate dal Custode Roberto Razzoli. Il progetto di uno studio biblico fu ripreso da Diotallevi nell'autunno del 1921. Il Custode incontrò problemi e obiezioni infinite da parte della Curia generalizia e dei professori del collegio di S. Antonio che ne temevano la concorrenza.

(1905-1915) aveva rinvenuto quasi per intero l'edificio e preparati i disegni per la sua riedificazione. Diotallevi aveva grande urgenza, perché quel religioso era "vecchio assai e acciaccato molto". La Custodia avrebbe subito un "danno senza rimedio" dalla sua morte. Inoltre, i lavori dovevano essere fatti in inverno, a causa del grande calore estivo che si sprigionava nella zona, situata 200 metri sotto il livello del mare. La promessa di finanziamenti da alcuni benefattori, ottenuti nella seconda metà del 1919, permise a Diotallevi di annunciare l'inizio dei lavori per il febbraio successivo. Così la sinagoga sarebbe per sempre rimasta nelle mani della Custodia. Non era possibile perderla. Si trattava di "uno dei più grandi monumenti della cristianità, ove N. S. Gesù Cristo fece la sua predicazione ed annunziò la SS. Eucaristia". ACTS, *Ministro generale (1913-1921)*, Diotallevi a Cimino, Alessandria d'Egitto, 31 ottobre 1919. L'autorizzazione del Dipartimento delle antichità a continuare gli scavi giunse a fine 1920, favorita dalle frequentazioni e dagli importanti incarichi ottenuti dal giovane e promettente archeologo francescano che se ne sarebbe dovuto occupare: il dottore in teologia e professore di scienze bibliche Gaudenzio Orfali (su di lui cfr. nota precedente). Questi infatti il 3 novembre 1920 era stato nominato direttore della *Palestine Oriental Society* (co-direttore Ronald Storrs). La società era presieduta dal direttore del Dipartimento palestinese delle antichità, prof. John Garstang (presidente uscente Lagrange). Come vice-presidenti essa poteva vantare personalità del calibro dell'archeologo e biblista William F. Albright e del domenicano Edouard Dhorme, successore di Lagrange alla direzione dell'*École Biblique*. La campagna di scavi a Cafarnao, compiuta sotto un caldo torrido fino al mese di ottobre successivo, mise in luce ulteriori importanti frammenti, utili alla ricostruzione della sinagoga. Ad ammirare il lavoro si recarono il prof. Garstang e l'alto commissario britannico Herbert Samuel in persona, il quale nel corso del suo primo incontro con Diotallevi (12 luglio 1920) aveva avanzato la proposta di far partecipare anche i soldati ebrei alla ricostruzione della sinagoga.

    [137] *La Terra Santa* IV (1924) 19. Pochi giorni prima di lasciare la Terra Santa, Diotallevi trovò anche il tempo di inaugurare il museo organizzato da Orfali in San Salvatore e di recarsi a Gerico per la posa della prima pietra di un ospizio e di una nuova chiesa dedicata al Buon Pastore (10 agosto 1924).

    [138] Poche settimane dopo il suo arrivo a Gerusalemme aveva scritto a *Propaganda Fide* che le scuole bibliche e le missioni archeologiche promosse in Terra Santa dai protestanti rischiavano di mettere in ombra la "plurisecolare opera francescana di evangelizzazione e di difesa dei diritti cattolici". Inoltre, molte pubblicazioni scientifiche mettevano in dubbio l'autenticità di molti Luoghi Santi in mano alla Custodia. I francescani rischiavano di essere "accusati di inganno della fede pubblica, perdendo la tutela dei diritti della cattolicità sui santuari". Lo "smacco" per la Chiesa di Roma sarebbe stato "grandissimo". La Curia generalizia riconobbe la fondatezza di queste argomentazioni e il 23 settembre 1901 annunciò l'apertura dello studio biblico, che però ebbe vita molto breve. Nel 1910 fu lo stesso Definitorio generale dell'ordine a proporre l'apertura di un "collegio complementare a quello romano di S. Antonio". Questa vicenda è stata interamente ricostruita, sulla base di una rigorosa ricerca d'archivio, da Daniela FABRIZIO, *Identità nazionali e identità religiose. Diplomazia internazionale, istituzioni ecclesiastiche e comunità cristiane di Terra Santa tra Otto e Novecento*, Roma, Studium, 2004, 84-98.

Sarebbe naufragata definitivamente se non avesse assillato la Curia generalizia per cercare di risuscitarla. Le motivazioni avanzate da Giannini vent'anni prima rimanevano ancora valide. Adesso le pubblicazioni "ipercritiche e maligne" sui santuari erano avanzate anche dagli ebrei e dalle "autorità governative". Era troppo umiliante per i frati minori dover rispondere solo attraverso conferenze (Orfali era molto attivo in questo campo). I sacrifici fatti dall'Ordine e dalla Custodia sarebbero stati ricompensati "dall'utile e decoro che se ne riceverebbe, dimostrandosi così che i francescani non sono soltanto i custodi materiali dei Luoghi Santi ma ne sono ancora scientificamente i difensori e illustratori". Diotallevi era anche riuscito a farsi promettere aiuto dai domenicani dell'*École Biblique*. Alla fine, esausti, il ministro generale Bernardino Klumper e i membri del Definitorio capitolarono. I primi passi della scuola biblica furono però molto incerti. Il poco interesse mostrato dal nuovo Custode Aurelio Marotta e la morte del primo direttore Gaudenzio Orfali parvero infliggere un colpo fatale alla nuova creatura di Diotallevi. Il progetto sarebbe di nuovo fallito se, a fine 1927, Diotallevi non fosse di nuovo tornato in Terra Santa con la benedizione del ministro generale per risollevarne le sorti[139].

In ogni caso, il custodiato di Diotallevi registrò "un vero risveglio di studi storici e archeologici da non esser inferiore a nessuno"[140], come affermò trionfalmente Girolamo Golubovich parlando dell'operato di un superiore verso il quale non fu mai particolarmente tenero. Innumerevoli furono gli studi che il Custode volle patrocinare: innanzitutto, il 28 ottobre 1920 indusse il Discretorio ad approvare il progetto di una seconda serie della *Biblioteca bio-bibliografica della Terra Santa e dell'Oriente Francescano*, sottopostogli tre mesi prima da Golubovich stesso; e ciò, nonostante l'enorme aumento dei costi di stampa verificatosi dopo la guerra (non certo inferiori a quelli del materiale da costruzione), che indusse la Custodia a sborsare cifre importanti per quell'opera editoriale. Però Diotallevi riteneva ne valesse la pena, come risulta dalle eloquenti note inviate a padre Girolamo per comunicargli l'approvazione della sua proposta:

> Unitamente al Ven. Discretorio di Terra Santa ho esaminato il detto progetto; e considerando che questi documenti della nostra storia francescana costituiscono anche la storia della Chiesa Cattolica in Oriente, ne permetto la pubblicazione e con entusiasmo la benedico insieme alla P[aternità] V[ostra], pregando Dio che continui a darLe forza e lume per condurre a termine l'opera importantissima, come professo la più sentita gratitudine a quanti Confratelli l'aiuteranno nell'arduo ma glorioso lavo-

---

[139] Cfr. D. FABRIZIO, *Identità nazionali e identità religiose*, 99-123.

[140] ACTS, *Fondo Architetti e Scrittori, Serie: Golubovich*, Golubovich a Diotallevi, Firenze (Borgognissanti 32), 26 giugno 1923.

ro. Con una tale pubblicazione gli uomini d'oggi potranno vedere ed apprezzare l'operosità silenziosa ed eroica, svolta in sette secoli nell'Oriente dalla Custodia Francescana, a cui molto si deve di quello che vi è di civiltà e di Cattolicismo; e mentre nell'imperversare delle recenti persecuzioni tutte le altre istituzioni cattoliche furono disperse, la sola Custodia resisté prendendo forza dal sangue che spargevano i suoi figli che s'immolavano per la gloria di Dio e della Chiesa Cattolica. Anche in quest'anno la Custodia ha avuto altre sette vittime della carità, del dovere, nell'Armenia e in Siria! e da questo sangue ancora fumante Essa prenderà lena per proseguire la sua missione provvidenzialmente affidatale da Dio e forza per sostenere tante tribolazioni. Sarà ancora di forte stimolo alle nuove generazioni Francescane il sapere quanto di grande e di santo hanno operato i nostri antenati richiamati a vita dall'indefessa ed intelligente opera della P[aternità] V[ostra][141].

Nei successivi vent'anni, questa cosiddetta "Nuova Serie" si dimostrò molto più feconda della prima, anche perché Golubovich chiamò a collaborarvi eminenti studiosi francescani come Leonardo Lemmens, Livario Oliger e Arduino Kleinhans. Di essa uscirono quattordici volumi in totale, tutti messi in cantiere negli anni 1920-1924. Dato l'elevato livello scientifico della collana, in questo periodo videro la luce "appena" quattro tomi, due di Lemmens e altrettanti dell'archivista e cronologo custodiale Eutimio Castellani[142], più un paio della prima serie della quale si occupava personalmente Girolamo Golubovich (il terzo e il quarto, usciti rispettivamente nel 1919 e nel 1921).

Diverse furono anche le produzioni di carattere biblico-archeologico, edite soprattutto dall'anziano ma inesausto Barnaba Meistermann[143] e dal giovane e promettente Gaudenzio Orfali[144]. Inoltre, per volere del Custode fu tradotta in

---

[141] AFCCOS, AGG, box 22, Diotallevi a Golubovich, Gerusalemme, 29 ottobre 1920.

[142] I due volumi di L. LEMMENS sugli *Acta S. Congregationis de Propaganda Fide pro Terra Sancta* dedicati agli anni 1622-1720 e 1721-1847, editi a Quaracchi nel 1921 e nel 1922 (circa 950 pagine in totale) e i due di E. CASTELLANI dedicati agli *Atti del Rev.mo Padre Lorenzo Cozza, Custode di Terra Santa*, dedicati agli anni 1709-1715, editi sempre a Quaracchi, ma stavolta nel 1924 (altre 950 pagine).

[143] Cfr. in particolare *Capharnaum et Betsaide. Suivi d'une étude sur l'âge de La Synagogue de tell Houm*, Paris, Picard et Fils, 1921. Diotallevi fu comunque sempre molto attento a tenere a bada Barnaba Meistermann. Nel dicembre del 1922 si oppose alla pubblicazione di un volume su *Il sepolcro di Rachele e Migdel Ader secondo la critica moderna*, dove quel prolifico padre combatteva "con il suo modo rude ed urtante i Padri Domenicani". Il timore del Custode era che questi ultimi nella loro *Revue biblique* gli restituissero "pan per focaccia turbando così quella buona armonia che attualmente esiste fra noi" e a cui Diotallevi stesso teneva molto. AGOFM, SK 735, *Terra Santa Custodia (1920-1923)*, lett. n. A. 1743, Diotallevi a Klumper, Gerusalemme, 13 dicembre 1922.

[144] *Capharnaum et ses ruines. D'Apres les fouilles accomplies a Tell-Houm par la Custodie Franciscaine de Terre Sainte (1905-1921)*, Paris, Picard, 1922 e *Gethsémani ou notice sur l'Église*

più lingue l'eccellente guida di Terra Santa pubblicata da Meistermann nel 1907 e riedita poco dopo la morte dell'autore (29 settembre 1923), il quale non ebbe nemmeno il tempo per terminare la correzione delle bozze della versione inglese[145]. Il Custode volle fare lo stesso con la più agile e divulgativa guida di Pasquale Baldi, rifacimento di un'altra più corposa pubblicata nel 1912 e patrocinata dall'*Associazione Nazionale per Soccorrere i Missionari Cattolici Italiani* di Ernesto Schiaparelli[146].

Promosse inoltre la pubblicazione dell'elenco dei firmani conservati nell'archivio della Custodia incaricandone Eutimio Castellani, il religioso che aveva già caricato di molteplici impegnative incombenze: innanzitutto quella di riordinare il prezioso archivio centrale della Custodia in San Salvatore, che nel corso della guerra Castellani stesso – nella sua qualità di presidente custodiale – aveva fatto nascere sotto terra per preservarlo da eventuali distruzioni o sottrazioni di documenti; poi quella di redigere la *Cronaca di Terra Santa*, inopinatamente interrottasi all'anno 1859. Il *Catalogo dei firmani*[147] fu pubblicato "nell'interesse del Cattolicismo e della giustizia". I documenti censiti furono 2.644, compresi tra gli anni 1247 e 1902. Di essi l'autore ritenne necessario fornire anche un breve riassunto del contenuto. In quegli stessi anni, mentre la potenza mandataria pareva intenzionata a riesaminare i privilegi delle varie comunità religiose nei Luoghi Santi, la pubblicazione avrebbe potuto servire a "far conoscere e dimostrare i diritti e i titoli della Chiesa cattolica" e a mostrare quanto avevano sofferto i francescani "nella loro custodia sette volte secolare"[148]. Sempre dell'infaticabile padre Castellani – che era contemporaneamente assorbito dall'edizione di due grossi volumi di documenti sul Custode e ministro

de l'Agonie ou de la prière, d'après les fouilles récentes accomplies par la Custodie Franciscaine de Terre Sainte (1909 et 1920), Paris, Picard, 1924. Per la prima di queste opere padre Gaudenzio ricevette le "paterne congratulazioni" del Pontefice e le "felicitazioni" di re Giorgio V d'Inghilterra. Cfr. *La Terra Santa* III (1923) 133-134.

[145] La guida del 1925 era di 748 pagine, con 26 cartine, 14 piante di città e 110 di monumenti. La *Nouveau guide de Terre Sainte* del 1907 – di 610 pagine e dotata del medesimo numero di piante e cartine – era già stata tradotta in francese, inglese, tedesco e spagnolo. Golubovich la definì "superiore a tutte le guide scientifiche che abbia la Palestina". ACTS, *Fondo Architetti e Scrittori*, Serie: *Golubovich*, Golubovich a Diotallevi, Firenze (Ognissanti 32), 20 novembre 1922.

[146] La guida pubblicata anteguerra si intitolava *Nei Luoghi Santi. Guida storica descrittiva della Palestina*, Firenze, Barbèra di Alfani & Venturi, 1912. Quella pubblicata nel dopoguerra uscì nel 1921, con il titolo di *Piccola guida di Terra Santa* (254 p.), senza il nome dell'autore e priva dello studio introduttivo sull'Italia e la Palestina di quella precedente.

[147] E. CASTELLANI, *Catalogo dei firmani ed altri documenti legali concernenti i santuari, le proprietà, i diritti della Custodia di Terra Santa, conservati nell'archivio della stessa Custodia in Gerusalemme*, Gerusalemme, Tip. dei P. P. Francescani, 1922 (opera di 168 pagine, stampata in sole 300 copie).

[148] *La Terra Santa*, II (1922) 192. Nell'introduzione Castellani auspicava la pubblicazione "in extenso" di quei documenti. Essi avrebbero formato "un'opera colossale da doversi consultare per reintegrare la giustizia restituendo alla Custodia Francescana e per lei alla Chiesa Cattolica i Santuari che furono e sono suoi".

generale Lorenzo Cozza per la *Biblioteca bio-bibliografica* – è da segnalare il *Necrologium almae Custodiae Terrae Sanctae* del 1923; un importante contributo alla storia della Chiesa in Palestina, Siria, Cipro ed Egitto, dove per secoli i religiosi della Custodia furono gli unici missionari e dove sovente trovarono prematuramente la morte per le difficoltà e i pericoli incontrati nell'esercizio del loro apostolato.

Di grande utilità per gli studiosi di storia missionaria è anche lo *Status descriptivus* della Custodia[149], voluto in questa originale e completa veste da padre Diotallevi. L'opera descrive tutti i santuari, i conventi, gli ospizi, le opere di educazione e di beneficenza e i commissariati di Terra Santa. Fornisce inoltre importanti statistiche sullo *status actualis* della Custodia (numero dei conventi, dei santuari, dei religiosi, delle parrocchie, dei fedeli, delle scuole, degli allievi ecc.). Riporta anche i nomi di tutti i custodi e quelli dei superiori del Santo Sepolcro e di conventi ed ospizi, questi ultimi talvolta solo a partire dal XVII secolo, dato che la perdita di gran parte del materiale d'archivio del periodo precedente non ne ha permessa una ricostruzione completa. Da segnalare infine l'opera su *Les Saints d'Egypte* di padre Paul Cheneau, edita a Firenze nel 1923 in due enormi volumi di 598 e 706 pagine rispettivamente[150]; un lavoro completo e unico nel suo genere, che tratta dei santi nati nella terra dei faraoni, ma anche di coloro che vi "avevano esercitata la loro azione o il loro ministero" solo temporaneamente, come il patriarca biblico Giuseppe, san Luigi di Francia e lo stesso san Francesco nel suo incontro col sultano[151].

Diotallevi seguì di pari passo le fasi che condussero alla pubblicazione di gran parte di queste opere, interessandosi dei più minuti adempimenti burocratici. Unico suo grande cruccio fu non essere riuscito a far redigere una storia generale di carattere scientifico sulla Custodia di Terra Santa. Egli la esigeva in più volumi sulla base di fonti di prima mano, in particolare sui firmani, sulle bolle pontificie e sull'ampia documentazione pubblicata da Golubovich e dai suoi collaboratori nella *Biblioteca bio-bibliografica*. Fece infiniti sforzi per realizzare quest'obiettivo, che iniziò a perseguire pochi mesi dopo il suo arrivo in Terra Santa. Ebbe però la cattiva idea (o la sfortuna) di affidarsi al religioso sbagliato: quel Teofilo Domenichelli che aveva collaborato a lungo col celebre storico delle missioni francescane Marcellino da Civezza, ma che nel frattempo aveva perduto la lucidità e l'equilibrio psichico di un tempo. Il Custode non tardò a convincere il Discretorio sulla necessità di patrocinare anche questo suo progetto, che fu approvato nella

---

[149] *Status descriptivus almae seraphicae Provinciae seu Custodiae et Missionis Terrae Sanctae anno Domini MCMXXIII*, Gerusalemme, Typ. PP. Franciscalium, 1924.

[150] Cfr. P. CHENEAU, *Les Saints d'Egypte. Lectures édifiantes, instructives, agréables*, Firenze, Tip. Barbèra, 1923.

[151] *La Terra Santa*, III (1923) 273-274 e IV (1924) 23-24.

seduta del 26 giugno 1919[152]. Domenichelli parve mostrare entusiasmo per l'incarico ricevuto. Di concerto con Golubovich, decise di redigere due volumi per ogni tomo della *Biblioteca bio-bibliografica*. Il Discretorio lasciò a lui la scelta sul metodo da adottare. Però lo pregò – nel caso intendesse optare per quell'ipotesi editoriale – di preparare anche "un compendio per volgarizzare più facilmente la conoscenza della Terra Santa e [delle sue] Missioni"[153]. Diotallevi, dal canto suo, gli raccomandò di non indugiare troppo su "piccanti questioni di nazionalità e [di] famiglia".

Il Custode, dopo l'uscita del primo volume degli *Acta Sacrae Congregationis de Propaganda Fide* di Leonardo Lemmens (1921), nell'illusione che Domenichelli avesse quasi terminato il primo tomo, aveva deciso che l'uscita dell'opera di padre Teofilo avrebbe dovuto "precedere quella di qualsiasi altra". Ad essa la Custodia avrebbe dato la precedenza nei finanziamenti. In tempi come quelli del dopoguerra – con la necessità di far valere i secolari diritti dei francescani nell'erigenda commissione per i Luoghi Santi – una storia completa della Custodia sarebbe stata "letta da molti, massime se scritta dal P. Domenichelli"[154]. Tanta fiducia era però mal riposta. Padre Teofilo non si mostrò sollecito a occuparsi del lavoro. Diotallevi, dopo aver scritto un'infinità di lettere a Domenichelli e ai religiosi a lui più vicini nel vano tentativo di sbloccare la situazione, cercò almeno di ottenere da lui almeno un "compendio" di storia della Custodia "a scopo di propaganda, di 400 o 500 pagine". Il Custode l'avrebbe voluta tradurre in più lingue per utilizzarla innanzitutto in occasione dell'inaugurazione delle basiliche del Getsemani e del Tabor e dell'esposizione missionaria vaticana che si sarebbe tenuta a Roma nel 1925. Riteneva che a Domenichelli sarebbe stato sufficiente poco tempo per redigerla. Ma padre Teofilo non mantenne nemmeno questa promessa editoriale[155]. Il Custode accolse con sempre maggiore sconforto le notizie dei continui ritardi, lamentandosene amaramente per i restanti mesi di custodiato.

A discolpa di Diotallevi possiamo notare che, a quasi un secolo di distanza, quest'obiettivo non è stato ancora conseguito, nonostante gli sforzi di alcuni suoi successori. Il compito di trattare scientificamente di un'istituzione sette volte secolare come la Custodia non può essere affidato a un singolo studioso, viste le vaste competenze storiche e giuridiche necessarie per portarlo convenientemente a termine. Perfino Girolamo Golubovich, incaricato di questa incombenza dal Custode Nazzareno Iacopozzi a metà degli anni Trenta, decise infine di rinunciarvi[156]. In ogni

---

[152] Cfr. ACTS, *Atti Discretoriali (1913-1921)*, 244.

[153] Cfr. la seduta discretoriale del 29 agosto 1919, in ACTS, *Atti Discretoriali (1913-1921)*, 246.

[154] AFCCOS, AGG, box 2, Diotallevi a Golubovich, Gerusalemme, 12 settembre 1921.

[155] Egli aveva già da tempo mancato quella di redigere la biografia del suo maestro Marcellino da Civezza e l'altra sulla storia della provincia toscana di San Bonaventura. Avrebbe disatteso anche le promesse di redigere alcuni volumi della *Biblioteca bio-bibliografica della Terra Santa e dell'Oriente Francescano*.

[156] Nel suo archivio abbiamo reperito solo un indice dettagliato del piano dell'opera. Forse Golubovich non vi si accinse perché infastidito dalle troppe interferenze del Custode Iacopozzi.

caso, l'esito negativo di questa vicenda non inficia il ruolo di promotore di studi storici svolto da Diotallevi. Anche il progetto di fondare un periodico come *La Terra Santa* – come quello di pubblicare l'*Almanacco*[157] o di "fare dei films cinematografici per volgarizzare la Custodia"[158] – può essere meglio compreso se considerato come parte della più generale opera culturale da lui tenacemente promossa all'interno della Custodia.

Epilogo sfavorevole della questione dei Luoghi Santi

Un'altra grande amarezza per Diotallevi fu non aver potuto rimettere in discussione lo *status quo* dei Luoghi Santi. Dopo la sua missione a Versailles (aprile 1919), per un paio d'anni la Custodia si illuse di poter conseguire anche questo risultato. Infatti, uno degli obiettivi del governo di Londra una volta ottenuto il mandato sulla Palestina, fu la formazione della commissione speciale sulle questioni pendenti tra le varie comunità religiose prevista dall'art. 95 del trattato di Sèvres (10 agosto 1920); un organismo voluto dalla diplomazia internazionale dopo aver ponderato il memorandum sui diritti cattolici promosso da Diotallevi e quello di risposta inviato in gran fretta a Parigi dai greco-ortodossi.

Nel dicembre 1920 la Gran Bretagna presentò al consiglio della Società delle Nazioni il primo progetto di mandato. L'art. 14 era dedicato proprio a quella commissione, che la potenza mandataria si impegnava a "nominare al più presto [...] per studiare e regolare tutte le questioni e rivendicazioni concernenti le diverse comunità religiose tenendo conto, nella sua formazione, degli interessi religiosi relativi". La commissione avrebbe dovuto "assicurare che determinati santuari, edifici o siti religiosi, considerati con speciale venerazione dai seguaci di una data religione" fossero affidati alla cura permanente di appositi enti, che rappresentassero i seguaci di quella determinata religione.

L'idea della commissione era risultata molto gradita ai francescani e alla Santa Sede. Però, l'art. 14 non era formulato in termini tranquillizzanti. Il presidente della commissione avrebbe dovuto essere nominato dalla Società delle Nazioni e gli altri membri dalla Gran Bretagna. Una simile commissione non avrebbe certo agito contro i desideri della potenza mandataria. Le autorità britanniche non mostrarono alcuna fretta di formare questa commissione. Esse proposero diverse formule riguardo alla sua composizione e redassero a più riprese nuove versioni dell'art. 14 nel tentativo di attenuare l'opposizione delle gerarchie vaticane al mandato, senza mai riuscire ad accontentarle. Esse esigevano che la maggioranza fosse riservata ai cattolici: la Chiesa di Roma rivestiva un'importanza molto maggiore delle altre chiese e i latini possedevano la maggior parte dei siti religiosi di Terra Santa. Di

---

[157] Sull'*Almanacco di Terra Santa* cfr. *supra* la nota 6.
[158] *Diario di Terrasanta* del Custode F. Diotallevi, 166.

fronte a queste proteste, i britannici invitarono le potenze cattoliche a far conoscere le loro proposte per giungere a un accordo definitivo. Il progetto del governo di Parigi – secondo il quale la presidenza avrebbe dovuto essere affidata a un cittadino francese – fu elaborato soprattutto per riaffermare una parvenza di autorità in Palestina. Anche gli italiani rivendicarono la presidenza, affermando che sia la Custodia sia il Patriarcato latino erano istituzioni dalla marcata caratterizzazione italiana e che, pertanto, nei secoli, erano stati in maggioranza religiosi di nazionalità italiana a prendersi cura dei Luoghi Santi. Di fronte alle molte opposizioni e alle esigenze contrastanti che si trovarono a fronteggiare, nel maggio 1924 i britannici decisero di rimandare *sine die* la nomina della commissione. Nel frattempo la Santa Sede – vista l'impossibilità di ottenere che quell'organismo fosse composto da personalità di suo gradimento –, aveva perso ogni speranza di potersene servire per ottenere una revisione dello *status quo*. A quel punto il male minore – nel caso fossero sorte controversie all'interno dei Luoghi Santi – rimaneva di poter usufruire del sistema giudiziario britannico, che dava garanzie di imparzialità mai godute sotto la pluri-secolare amministrazione ottomana. La vicenda si chiuse definitivamente il 25 luglio 1924. Per colmare il vuoto causato dalla mancata attuazione dell'art. 14, le autorità mandatarie emisero un'ordinanza – la *Palestine (Holy Places) Order in Council* – secondo la quale le questioni relative ai Luoghi Santi e ai diritti delle diverse comunità religiose sarebbero state sottomesse all'alto commissario britannico, che avrebbe adottato la sua inappellabile decisione una volta effettuata un'adeguata inchiesta. In base a questo provvedimento, le autorità mandatarie esercitarono uno stretto controllo su tutto ciò che concerneva i Luoghi Santi all'interno dei quali, in mancanza della commissione, furono costrette a mantenere lo *status quo* ereditato dall'amministrazione ottomana.

Ulteriori positivi risvolti per la Custodia di Terra Santa

Comunque sia, ai frati della Custodia non mancarono i motivi di consolazione durante gli ultimi mesi di governo di Diotallevi. Rispetto ai suoi rapporti con la Francia, nel giugno 1924 la Santa Sede decise di abolire gli onori liturgici; un cerimoniale con il quale la Santa Sede, mediante i suoi più alti rappresentanti in loco, aveva elevato per secoli la dignità della nazione protettrice agli occhi delle popolazioni orientali. Dopo il protettorato – al quale aveva posto ufficialmente fine la conferenza di Losanna del luglio 1923 – terminava in Palestina anche la sua manifestazione esteriore, costituita appunto dall'antico rituale degli onori consolari.

Nel frattempo, la situazione finanziaria della Custodia era ritornata florida; il che permise a Diotallevi di lasciare ai suoi due successori – Aurelio Marotta (1925-1931) e Nazzareno Iacopozzi (1931-1937) – un'eredità spirituale, materiale e di cordialità di relazioni con le autorità civili da consentire loro di governare sempre in relativa tranquillità. Tuttavia, le grandi capacità amministrative di cui Diotallevi diede prova non furono sufficienti a garantirgli la nomina vescovile, come invece era successo ai suoi nove immediati predecessori. Probabilmente, il modo risoluto con cui difese le prerogative della Custodia nei confronti del Patriarcato gli alienarono molte simpatie nei Sacri Palazzi, soprattutto a *Propaganda Fide*[159].

Il giudizio sui suoi anni di governo – a dispetto delle numerose critiche di cui fu fatto oggetto da più parti, non ultimi non pochi dei suoi stessi religiosi[160] – rimane comunque positivo. Diotallevi stesso riconobbe di aver commesso "molte mancanze" nell'esercizio di un ufficio che gli era caduto "addosso in tempi e circostanze difficili ed eccezionali"[161] e che l'aveva fisicamente prostrato al punto da indurlo ripetutamente a domandare alla Curia generalizia di non essere riconfermato[162]. Ammise anche di aver mostrato "poca carità e pazienza", specialmente nei confronti dei suoi religiosi[163].

In ogni caso, di lui restano molte durature realizzazioni e diversi giudizi favorevoli di autorevoli confratelli. Innanzitutto il definitore generale Alessandro Bertoni, inviato dalla Curia generalizia in qualità di visitatore apostolico proprio al termine del suo custodiato. Partito da Roma molto prevenuto su Diotallevi e sui religiosi della Custodia più in generale, padre Bertoni non tardò a mutare radicalmente il suo giudizio. Per lui Diotallevi era stato innanzitutto un "gelosissimo osservatore del santo voto di povertà":

> venuto in tempi assai difficili [...] egli ha saputo mantenere la pace tra i religiosi della Custodia e [se] non fosse stato per il malaugurato affare di Giaffa[164] [...] il [suo] governo [...] sarebbe stato uno dei migliori avuti in questi ultimi tempi. Difatti egli ha lavorato molto per ristabilire la rego-

---

[159] Di questo mancato riconoscimento beneficiò prima di tutto la stessa Custodia, dato che nella seconda metà degli anni Venti Diotallevi fu chiamato a occuparsi dell'apertura del collegio missionario presso il convento napoletano di Santa Chiara e a esercitare le cariche di presidente e prefetto agli studi dello *Studium Biblicum* della Flagellazione (carica, quest'ultima, che svolse nel periodo 23 dicembre 1927-31 maggio 1929); poi se ne avvantaggiò lo stesso Ordine dei frati minori, per i delicati uffici di visitatore ordinario e straordinario di numerose province italiane e di delegato per la loro fusione che gli affidò.

[160] I religiosi che gli erano avversi l'avevano ironicamente soprannominato "Diotilevi".

[161] AGOFM, SK 735, *Terra Santa Custodia (1920-1923)*, lett. n. A. 2920, Diotallevi a Klumper, Gerusalemme, 17 agosto 1923.

[162] Scrisse Diotallevi a questo proposito: "le condizioni della mia salute non mi permettono assolutamente di poter proseguire anche per brevissimo tempo. Dopo sei anni e mezzo di movimentato governo, la mia salute è scossa profondamente [...]. [I] disturbi fisici cui spessissimo vado soggetto a causa di esaurimento non mi permettono in coscienza di continuare a reggere la Custodia senza mio detrimento spirituale e corporale e senza danno della stessa Custodia". AGOFM, SK 735, *Terra Santa Custodia (1920-1923)*, lett. n. B. 819, Diotallevi a Klumper, Gerusalemme, 19 luglio 1924.

[163] Così a p. 3 dell'ultima lettera circolare di Diotallevi datata 8 agosto 1924.

[164] Sul contenzioso tra Custodia di Terra Santa e governo spagnolo in merito ad alcune proprie-

lare osservanza in tutti i conventi [...], come apparisce dai libri delle visite; ha difeso strenuamente i diritti della Terra S[an]ta ed ha contribuito assai al miglioramento dei santuari, fabbricandone di nuovi e r[e]staurando i cadenti. Pagò i debiti contratti dalla Custodia durante la guerra e fece delle economie. Per questo fu accusato falsamente di avarizia nell'amministrare il cibo e nel soddisfare i bisogni dei religiosi. [...] Se ha dovuto lottare col Patriarcato [...] è stato per difendere i diritti della Custodia; né l'Ill.mo Patriarca con cui ho parlato ha potuto dirmi niente contro il M. R. P. Diotallevi né contro altri religiosi della Custodia[165].

Un altro tributo all'operato di Diotallevi che ci trova pienamente concordi l'abbiamo reperito in una lettera confidenziale inviata da Pasquale Robinson a Golubovich. Padre Robinson conosceva molto bene il Custode, per averlo accompagnato nella sua missione a Versailles nell'aprile 1919 per essere stato nominato visitatore apostolico della Custodia pochi mesi dopo e per essere rimasto a lungo in Palestina in quella veste. Il futuro delegato apostolico di Malta e nunzio apostolico in Irlanda riconosce a Diotallevi "il diritto innegabile di essere annoverato tra i custodi più illustri":

Certamente questo padre ha meritato qualsiasi onore vescovile che potrà essergli accordato, benché sono sicuro che egli non lo desidera; [...] non sarà facile rimpiazzarlo nel momento presente. Il suo sessennio è stato di difficoltà eccezionali e il modo nel quale ha sempre potuto risolverle è degno delle migliori tradizioni della Custodia[166].

tà situate a Giaffa cfr. D. FABRIZIO, *Identità nazionali e identità religiose*, 264-293 e A. GIOVANNELLI, *La Santa Sede e la Palestina*, 48-63.

[165] AGOFM, SK 735, *Terra Santa Custodia (1920-1923)*, "Relazione della visita canonica fatta nella sacra Custodia di Terra Santa (31 luglio-31 ottobre 1924)", Roma (Collegio S. Antonio), 24 novembre 1924. Le uniche critiche che il padre Bertoni avanzava erano l'insufficiente conoscenza della lingua araba da parte dei missionari e il livello culturale delle scuole della Custodia, inferiore a quello di analoghi istituti educativi gestiti da altre congregazioni cattoliche.

[166] AFCCOS, AGG, box 71, Robinson a Golubovich, Roma (Collegio S. Isidoro), 28 novembre 1923.

DEDICAZIONE DEL S. SEPOLCRO
MCXLIX — XV. LUGLIO — MCMXLIX

LA
TERRA
SANTA

LA ✠ TERRA SANTA

LUGLIO-AGOSTO 2000

David-Maria A. Jaeger

Comunicazione e media nel cammino
verso gli accordi tra Santa Sede e Israele

Il programma mi presenta correttamente con il mio titolo e il mio ufficio attuale, che però nulla ha a che fare con l'argomento di questo significativo Convegno. Piuttosto mi piacerebbe pensare di essere stato invitato per l'esperienza avuta in relazione al mondo delle comunicazioni sociali. Così, per quattro anni, dal 1977 al 1981, sono stato il corrispondente in Terra Santa del prestigioso settimanale cattolico internazionale in lingua inglese *The Tablet* di Londra, e nello stesso periodo anche il "segretario di collegamento" del Consiglio cristiano unito in Israele, UCCI, occupandomi tra l'altro dei rapporti con la stampa, sempre a tutela della libertà religiosa. Successivamente sono stato, dal 2001 al 2004, il portavoce ufficiale della Custodia di Terra Santa. E lungo tutti gli anni, a partire dal 1977, e fino ad essere promosso dal Papa, nella primavera di quest'anno, ad un ufficio, che mi porta ad occuparmi piuttosto di questioni di tutt'altro genere, ho pubblicato notizie, commenti, saggi, sulla situazione della cristianità in Terra Santa. Oltre a due appuntamenti di questo genere ancora oggi in agenda, posso dire di aver concluso questa fase della mia vita, dopo trentaquattro anni, anche se dovrò ancora farne il bilancio, eventualmente scrivendo ed offrendo le mie memorie. Tenuto conto del titolo di questo intervento, devo ricordare pure che per diciannove anni, dal 1992 alla primavera del 2011 sono stato il consigliere giuridico, e quindi negoziatore, della Delegazione della Santa Sede alla Commissione bilaterale permanente di lavoro con lo Stato di Israele.[1]

In Terra Santa, la Chiesa si trova in una condizione profondamente diversa rispetto ai Paesi dove i cattolici costituiscono, se non sempre una maggioranza, almeno una parte significativa della popolazione, e quindi dell'elettorato, onde poter far sempre presenti e talora anche prevalere le ragioni della Chiesa. In Terra Santa invece i cattolici, anzi tutti i cristiani, non sono che una minoranza numeri-

---

[1] Effettivamente si tratta di vent'anni, perché già nell'estate del 1991 l'allora Delegato apostolico in Gerusalemme, ora l'Em.mo signor cardinale Andrea Cordero Lanza di Montezemolo, mi ha incaricato di far parte, essenzialmente in questa stessa qualità, del piccolo comitato "antepreparatorio", da lui costituito, per stendere le prime bozze "di parte" per gli eventuali accordi.

camente esigua e perciò priva di qualsiasi peso politico nell'elettorato. Ne risulta che la pace e l'incolumità della Chiesa dipendano, umanamente parlando, quasi per intero dall'interessamento e dal sostegno dell'opinione pubblica nei Paesi di tradizione cristiana, soprattutto in quelli che "più contano" agli occhi dello Stato locale. Una permanente campagna mediatica di informazione e di *lobby* è perciò esigenza impreteribile, anzi primaria. Ne ho fatto l'esperienza per la prima volta nel 1977-1978, stimolando e coordinando la campagna di proteste contro la legislazione detta "antimissionaria", che allora veniva promossa in Israele dai partiti fondamentalisti, con l'altrui connivenza. La campagna mediatica ebbe tutto il successo concretamente possibile quando, nel marzo del 1978, lo Stato promise solennemente di non mettere in pratica la legge già approvata nel dicembre dell'anno precedente, e da allora fino ad oggi non ha più preso iniziative simili. Il principio della campagna era quello che esposi all'Assemblea del Consiglio cristiano unito[2], a Haifa, il 13 dicembre 1977: "I partiti di maggioranza relativa, nel cercare l'ingresso nella coalizione di Governo, dei partiti fondamentalisti, trovano più facili di ogni altro contraccambio le misure anticristiane volute dai fondamentalisti, perché non comportano alcun prezzo politico. Tutte le altre misure colpirebbero i laici, i cittadini secolarizzati, per cui potrebbero rivelarsi costose, mentre i cristiani non hanno rilevanza elettorale. La soluzione, dissi, sarebbe dimostrare ai partiti di maggioranza relativa che il costo c'è, anche se non in voti, localmente, ma in termini dell'immagine dello Stato all'estero, del sostegno di cui esso avrebbe bisogno da parte dell'opinione pubblica estera, non solo dei cristiani ma anche degli ebrei della Diaspora".

Non s'intendeva certamente alcuna ostilità nei confronti dello Stato, che si voleva piuttosto tutelare dalle incursioni pericolose degli elementi fondamentalisti. Anzi si intendeva dare un apporto alla conservazione e promozione dei valori di democrazia e laicità all'interno di esso, e di dimostrare che le Chiese cristiane possono contribuire al suo progresso in tal senso. Il che veniva pienamente riconosciuto dal parlamento, quando nel 1980 fui invitato, assieme ad altri esponenti cristiani, a colloquio con la Commissione affari costituzionali, che stava valutando un progetto di Legge fondamentale sui diritti umani e civili (mai poi fatta).

In altri due periodi di crisi, il rapporto con i mass media si è rivelato cruciale, durante l'"Assedio della Natività" nel 2002, quando l'occhio dei media costantemente puntato sul Santuario di Betlemme era fondamentale nell'evitare la strage, e mi spettava, da portavoce ufficiale della Custodia, tenermi in contatto ininter-

---

[2] UCCI – *United Christian Council in Israel*. L'UCCI riuniva le comunità protestanti ed evangeliche, e nella mia qualità di suo "Segretario per il collegamento" (*Liaison Secretary*), effettivamente dal tardo 1977 e fino al mio ingresso nell'Ordine francescano nell'estate del 1981, dovevo occuparmi di curare il coordinamento con le autorità cattoliche, locali e vaticane, e dei rapporti con la stampa, con gli appositi uffici del Governo, e con le organizzazioni ebraiche e laiche, sempre in favore della tutela della libertà religiosa.

rotto con i media di tutto il mondo durante tutti i trentanove giorni dell'assedio, innanzitutto per diffondere in tempo reale le notizie vere, e contrastare la potente campagna di propaganda in senso contrario, che mirava a far costringere i frati francescani e le suore ad abbandonare il Luogo Santo per permettere, in effetti, una cruenta offensiva militare; ma lo facevo anche ed innanzitutto per lanciare e ripetere la voce della Custodia, che invitava insistentemente ad una soluzione di compromesso, ragionevole, umana, realista, lungimirante – essenzialmente la stessa poi adottata, dopo trentanove giorni di estenuante *impasse*, ai danni di tutti. Se solo ci avessero ascoltato all'inizio! E ci fu naturalmente la vicenda della moschea, che il Governo d'allora aveva deliberato di costruire proprio alle porte della basilica dell'Annunciazione a Nazaret! Anche qui la diffusione delle notizie vere si doveva accompagnare alla lotta pacifica contro la disinformazione che voleva il Governo solo arbitro in un conflitto cittadino tra cristiani e musulmani, arbitro che non poteva non tener conto della libertà religiosa dei musulmani locali. Mentre, nei fatti, fu il Governo stesso a deliberare la costruzione della moschea sul suolo pubblico, mentre autorevoli personalità del mondo musulmano vi si opponevano, sposando le nostre stesse ragioni. Alla fine, un Governo successivo abrogò il progetto, accogliendo le istanze dell'allora presidente George W. Bush degli Stati Uniti e del beato Giovanni Paolo II, ma non v'è dubbio che la sostenuta campagna mediatica, assieme ai clamorosi gesti di protesta, ad iniziativa della Custodia di Terra Santa, con la solidarietà di tutte le Chiese, era fondamentale anche in questo caso. È certo, per esempio, che per attirare l'attenzione di un presidente degli Stati Uniti potrebbe non bastare la giustizia intrinseca della causa, ma che si richiederebbero anche chiare indicazioni degli umori del proprio elettorato, che della vicenda viene informato dai mezzi di comunicazione.

Talvolta invece si impone il silenzio, almeno relativo, per evitare che fughe di notizie o notizie intempestive non aiutino ma nuocciano. Così è stato, notevolmente, per i negoziati Santa Sede-Israele. Dall'inizio, dal momento dell'avviamento di questi negoziati, il 29 luglio 1992, era chiaro ad entrambe le Delegazioni che l'intenso interessamento da parte della stampa per i contenuti dei negoziati non andava soddisfatto, perché le forze contrarie al loro buon esito sarebbero troppo forti e troppo zelanti. Non solo, ma tra le Delegazioni c'era questo *gentlemen's agreement* non scritto: si capiva che ogni tanto l'una o l'altra Parte avrebbe sentito il bisogno di dire qualche cosa di militante, di forte, al proprio pubblico, ma ci si accordava di non rispondere, di non polemizzare, di lasciar stare, accettando che anche l'altra Parte, di tanto in tanto, senza esagerare, lo facesse. Ricordo in particolare questo episodio a dimostrazione di quanto fitto era il silenzio. La mattina stessa del giorno della conclusione dell'Accordo fondamentale, che avrebbe tracciato la via verso i rapporti diplomatici tra la Santa Sede e lo Stato di Israele – poi allacciati dopo pochi mesi – un acerrimo critico della Chiesa cattolica pubblicò un pezzo di opinione sul quotidiano israeliano *Ha'aretz*, ammonendo il Governo e il pubblico israeliano di non credere che "il Vaticano" potesse mai allacciare i rapporti diplomatici con lo Stato ebraico, perché, diceva, ciò sarebbe "contro il dogma cattolico" che condannerebbe il popolo ebraico all'esilio perpetuo o qualche cosa di fatuo di questo genere!

Nelle fasi successive dei negoziati, quella che ha prodotto, nel 1997, l'Accordo sul riconoscimento civile delle persone giuridiche canoniche, e soprattutto quella ancora in corso, che mira ad un accordo omnicomprensivo ossia completo (*comprehensive agreement*) sui beni ecclesiastici, e sullo statuto fiscale della Chiesa, il "silenzio-stampa" è stato d'obbligo anche per un altro motivo, intrinseco, e cioè per ossequio al principio "*nothing is agreed until everything is agreed*"; per cui si è sempre insistito che i Comunicati congiunti ad avvenute sessioni di negoziato nulla dicano dei contenuti della sessione, e soprattutto nulla del contenuto di qualsiasi "progresso" che pure indicavano talvolta essere stato compiuto. Ai tanti giornalisti amici e conoscenti, che pure mi assediavano al telefono, e mi "aggredivano" in persona, per saperne qualche cosa, fosse pure "*on background*", ho sempre dovuto ripetere pazientemente la spiegazione: il principio che governa i negoziati è che nulla si ritenga concordato finchè non lo sia il tutto, quindi anche se nella seduta si è elaborato un testo comune circa una materia determinata, non si può assolutamente parlare di accordo raggiunto sulla materia, perché finché non sia stato raggiunto l'accordo su tutte le altre materie, sull'insieme, simile testo non ha valore, e divulgarne gli elementi non farebbe che peggiorare la condizione di una Parte o dell'altra, specie se alla fine accordo su tutto non ci sarà. Nessuno dei cronisti ne è rimasto contento, certo, ma tutti lo hanno potuto capire

Ancora una parola sui giornalisti. Il contatto frequente con loro mi ha sempre recato molto piacere, trovandoli quasi tutti, di varie estrazioni, persone eccezionalmente intelligenti e dedite al proprio nobile mestiere. Tal volta però, qualche giornalista, anche tra i più stimati, sembra si formi dei pre-giudizi, che non cedono alla semplice verità. E la verità delle cose è spesso ben più semplice di quanto non la credano gli analisti, dei media ed altri. Ricordo un caso in particolare: il 6 gennaio 1993 si terminò una serie di sessioni di lavoro dei negoziatori, avviata il 18 dicembre 1992, con la rottura, senza prevedere alcuna data per la ripresa. La nostra Delegazione aveva dovuto insistere su un punto "non negoziabile", mentre anche l'altra Parte, dal canto suo, riteneva "non negoziabile" il proprio rifiuto. I negoziati riprendono solo nel marzo successivo, credo la seconda metà del mese, dopo che io, in ossequio a superiori istruzioni, avevo elaborato una formula di compromesso. Un mio amico, celebre giornalista, corrispondente di una grande testata di fama mondiale, scrisse al riguardo che la rottura (temporanea) dei negoziati sarebbe stata un'espressione di protesta da parte della Santa Sede contro l'avvenuta espulsione dai Territori palestinesi e verso il Libano di quattrocento adepti dell'organizzazione islamica radicale Hamas![3] A nulla son valse le lunghe conversazioni, in cui esponevo all'amico francamente le vere cause dell'interruzione dei negoziati, totalmente intrinseche ad essi, che assolutamente nulla avrebbero avuto a che fare con qualsiasi evento esterno, men che meno con quella deportazione, che non c'entrava affatto. Glielo giuravo proprio, ma l'amico giornalista non volle assolutamente ascoltarmi, e così una strana falsità entrata nella cronaca vi è rimasta.

Ancora una parola sulle redazioni: i titoli delle notizie e degli articoli li danno le redazioni, che così hanno un potere enorme sulla comunicazione, che si dovrebbe però esercitare con un grande senso di responsabilità. Più di una volta mi è capitato di vedere un pezzo da me scritto, o che riferiva di un'intervista da me concessa, apparire sotto un titolo che ne travisava contenuti ed intenti, con conseguenze talvolta non proprio gradevoli. Rimanendo nel campo dei negoziati e degli accordi di cui sopra, ricordo una mia intervista al *Corriere della Sera* in occasione dell'*Accordo Fondamentale* del 30 dicembre 1993. Il giornalista mi domandò come mi sentivo; gli risposi che il mio stato d'animo era probabilmente simile a quello dei cattolici italiani alla Conciliazione avvenuta mediante i Patti Lateranensi, cioè al momento della normalizzazione dei rapporti tra Stato e Chiesa. L'intervista, di modesta entità, apparve poi sul *Corriere* sotto il titolo: "Padre Jaeger: i miei Patti Lateranensi", dando l'impressione che, con inordinato orgoglio, rivendicavo a me stesso la storica realizzazione, come fosse tutto merito mio! (lo era, sì, anche in parte mio, ma non solo e non principalmente mio. Ecco in mezzo a noi chi infatti guidava l'intera impresa: Sua Eminenza di Montezemolo, per non dire il Papa e i Suoi più immediati collaboratori!). Inevitabilmente dalla Segreteria di Stato mi fu fatta arrivare subito un'espressione di "meraviglia" ovverossia di dispiacere (credo sia stato proprio il cardinale di Montezemolo, qui presente tra di noi, che dovette farsene carico, e sentire le mie spiegazioni, che spero siano state convincenti. Infatti il testo stesso non diceva nulla del genere, ma solo quanto ho appena ricordato, e cioè il mio senso di sollievo al vedere normalizzati i rapporti – seppur sempre intrinsecamente dialettici – tra le due società cui appartenevo, la Chiesa e lo Stato). Fu "colpa" dei redattori del quotidiano, che lavorando sotto grande pressione di tempo non avrebbero meditato con cura su tutte le letture possibili di quel titolo…

In ogni caso, tutto considerato, riaffermo sempre, a modo di conclusione, quanto da me esposto in quella riunione del 1977, che vide avviata la mia attività oramai conclusa, e cioè che per la Chiesa in Terra Santa, i mass media sono l'alleato più necessario, addirittura del tutto indispensabile, di cui si deve far uso sempre più sapiente ed efficace; e lo è in fondo perché nel diffondere la verità tutelano la libertà: "*veritas liberabit vos*"!

---

[3] Più tardi il Governo consentì il loro rimpatrio.

Rivista fondata nel 1921
Nuova serie Anno VI ● **Numero 2 MARZO-APRILE 2011** ● EURO 5,00
P.I. Spa S.A.P. - D.L. 353/2003 - L.27/02/04 n.46 - a.1 c.1 DCB Milano

1921-2011
ANNIVERSARIO
90

terrasanta

In caso di mancato recapito si restituisca al mittente che si impegna a pagare la relativa tassa ● Contiene I. P.

IN COPERTINA
«Quando il popolo chiede». Il risveglio del mondo arabo

ESCLUSIVO
Intervista con lo scrittore e giornalista francese Dominique Lapierre

«Viaggiatori per fede»
dal Sud del mondo

Pellegrini
MULTICOLOR

Andrea Cordero Lanza di Montezemolo

La voce della presenza cristiana in Terra Santa

La Terra Santa è una regione dove la dimensione religiosa e quella politico-sociale si sono sempre strettamente affiancate o anche intimamente connesse. Le tradizioni e i valori religiosi e culturali sono ovunque molto forti, e spesso le identità stesse dei popoli si definiscono secondo l'appartenenza religiosa. Spesso quindi, il credo religioso indica o sorpassa l'etnia di origine.

In particolare gli avvenimenti della storia recente fanno chiaramente vedere come il fattore religioso occupi sempre uno spazio di primo piano nella vita politica, sociale e culturale non solo della Terra Santa, ma in generale di tutto il Vicino Oriente. Le società di tipo occidentale, o europee, oggi guidate da una forte spinta di laicità, trovano spesso difficile capire quanto i fattori religiosi, culturali ed etnici abbiano avuto e continuino ad avere profonde radici in tutta le storia e nella mentalità degli attuali abitanti di tutta quella regione.

La presenza e l'attività dell'Ordine di san Francesco, particolarmente mediante la Custodia di Terra Santa, da secoli svolge in quella regione una coraggiosa affermazione di fede cristiana e di impegno pastorale, insieme ad una importante attività di ricerca e di studio, accompagnato da una autorevole voce di annunzio per far conoscere a tutti i cristiani del mondo le realtà della vita vissuta nella Terra Santa.

La rivista *Terrasanta,* che festeggia i suoi 90 anni, perché nata nel 1921 nell'ambito degli stessi francescani, ha avuto e ha come fine principale, proprio quello di dare una voce non solamente al passato comune di tutti, ma soprattutto all'attuale presenza ed attività cristiana in quelle terre, che sono *Terra Santa* per le tre religioni, e dove – occorre ben ricordare – la popolazione cristiana si pone storicamente tra i figli di Israele ed i figli di Ismaele.

L'occasione dei 90 anni di vita della rivista ha dato modo di svolgere qui questo incontro di riflessione e di studio. Abbiamo ascoltato diverse interessanti relazioni. Quella sull'archeologia biblica ha reso evidente l'importante ruolo svolto dalla Custodia di Terra Santa nel campo della storia e particolarmente della ricerca sul terreno. Le campagne di scavi archeologici svolte dai francescani, con la scoperta e lo studio di tanti antichi vestigi riportati alla luce e ben studiati, hanno grandemente contribuito a una più ampia conoscenza della Bibbia e in particolare ad una migliore comprensione della vita e dell'insegnamento di quel Gesù di Nazaret, che ha profondamente influito sull'andamento della storia dell'umanità.

Un'altra relazione ci ha ricordato la storia della nascita della rivista *Terrasanta*, essenzialmente legata allo sviluppo dei pellegrinaggi nella Terra del Signore, la quale si è fatta sempre e sollecitamente eco dei principali avvenimenti della storia recente di quelle terre. Fra i più importanti avvenimenti non posso non ricordare quelli della fine del secolo scorso, che hanno portato alla normalizzazione delle relazioni tra la Santa Sede e lo Stato di Israele nel 1993/94, e poi al riconoscimento delle persone giuridiche della Chiesa cattolica in Israele nel 1997, ed inoltre quelli che hanno chiarito i rapporti tra la Santa Sede e l'Autorità Palestinese. Io stesso ho avuto, per provvidenza divina, l'onere di condurre in porto questi accordi, sempre validamente aiutato dal qui presente padre David Jaeger ofm, della Custodia di Terra Santa, che oggi saluto come Uditore della Sacra Romana Rota.

Nel ruolo qui assegnatomi di trarre e presentare alcune conclusioni sui lavori svolti durante questo incontro, desidero non soltanto menzionare la letizia per il novantesimo anniversario di vita della rivista *Terrasanta,* formulando l'augurio che possa continuare a lungo la sua preziosa opera di informazione, di riflessione, e di dibattito sui temi e sui fatti della Terra Santa, ma soprattutto voglio raccogliere e mettere in evidenza la necessità di insistere sulla indispensabile presenza dei cristiani in questa regione, dove il cristianesimo è nato e vi ha tenuto la sua importante presenza per duemila anni.

Come già durante il Sinodo dei vescovi svoltosi a Roma un anno fa, i problemi principali che continuano a porsi come interrogativi senza riuscire finora a dare risposte rassicuranti per il futuro sono vari, e vorrei brevemente accennare ad alcuni:

1 – La frammentazione del mondo cristiano non è forse una continua fonte di debolezza per la vita e la testimonianza stessa del cristianesimo? Sono stati fatti o sono in corso tutti gli sforzi possibili per superare queste divisioni, che indeboliscono se non addirittura minacciano la sopravvivenza cristiana in questa area?

2 – La libertà di coscienza e la libertà di religione possono essere sostanzialmente rispettate in uno Stato che professa ufficialmente la sua religione ebraica e può rischiare di irrigidirsi contro quelli che sono principi e diritti umani oggi universalmente accettati nelle civiltà moderne?

3 – Nelle società che dichiarano di qualificarsi secondo la cultura e le leggi islamiche, possono i cristiani affermare apertamente e vivere liberamente la loro fede nella stessa società?

4 – A quale futuro vanno incontro quelle società che hanno sempre conosciu-

to nella storia bimillenaria la coabitazione tra ebrei, cristiani e musulmani, ed in modo non sempre pacifico secondo le diverse epoche?

La sola risposta sicura che emerge con forza è che la partenza dei cristiani sarebbe un gravissimo impoverimento in quella parte del mondo. Certamente essi vi hanno portato elementi di modernità in mezzo a società che per diverse ragioni avevano difficoltà a confrontarsi fra di loro. Vi hanno portato importanti personalità, come è stato ricordato nelle relazioni di questo incontro, personalità che hanno formato centri di studio, di pensiero e di cultura, nonché di attività pastorale ed educativa. Non avere più cristiani in questa regione sarebbe come un segno di tradimento verso le radici stesse della culla del cristianesimo, come una cancellazione della storia e un tradimento della verità!

Non è forse essenziale per la religione "incarnata" continuare a camminare su quella terra che ha visto i passi di Gesù di Nazaret, continuare a dare testimonianza di quello Egli che ha fatto, ha detto e ha compiuto in quella regione, rispondere con la presenza vitale e con la sicurezza di fede sui luoghi che hanno visto la storia dei primi cristiani?

Nell'analisi sintetica della situazione geopolitica e sociale di quella regione geografica, la dimensione religiosa appare certamente come essenziale. Da un lato il mondo musulmano sembra sempre più diviso, particolarmente tra sunniti e sciiti, con ripercussioni diplomatiche e politiche che vanno anche ben al di là del Vicino Oriente. Nonostante importanti recenti tentativi, il tempo sembra ancora abbastanza lontano per vedere la formazione e il riconoscimento di un vero Stato palestinese, sostenuto dai suoi attuali *leader* politici – spesso anche cristiani – nel quale tutte le comunità religiose possano trovare un giusto e pacifico spazio. D'altra parte, la creazione di uno Stato dichiaratamente ebraico ha introdotto dimensioni religiose nelle polemiche politiche, che fanno sempre apparire i cittadini come ebrei o come musulmani, piuttosto che come cittadini israeliani. Oggi la Terra Santa, particolarmente nel mondo culturale arabo, vive un periodo di transizione agitato e soffocato, ed è probabile che nuovi sforzi politici interni ed esterni non riescano ancora a trovare in un futuro prossimo gli equilibri e la giusta pace, che tutti certamente desideriamo.

In particolare la gioventù, che è spesso una delle avanguardie della contestazione, sembra preferire fregiarsi di una connotazione religiosa, piuttosto che sostenere motivazioni solamente politiche e sociali. Si tratta solo di una crisi di modernità e di rivendicazioni di libertà e di democrazia? I partiti che si agitano nel campo politico e sociale non appaiono essere essenzialmente orientati e guidati da pesanti motivazioni religiose fra gruppi disorientati? Certamente è difficile dare giudizi, ma sembra certo che la tensione con dimensione religiosa non sembra attenuarsi nella regione, né dalla strada che dovrebbe condurre alla costituzione pacifica di due Stati.

Se ho molto insistito su questi aspetti della Terra Santa, che potrebbero apparire un poco fuori tema, è soltanto per ricordare quanto ho qui affermato all'inizio di questa mia esposizione, ovvero il posto che noi cristiani occupiamo storicamente in questo contesto fra giudei e musulmani. Quale deve essere la testimonianza che noi dobbiamo dare oggi? E quale potrebbe o dovrebbe essere la nostra azione? E in particolare quella della voce incarnata della rivista *Terrasanta*?

Affinché si affermino la giustizia e la pace, l'amore e la verità (come dice il Salmo 85 (84), che canta "la giustizia e la pace si baceranno"), è necessario non cessare mai di dire che il negoziato deve prevalere sulla forza e sulla violenza; che con il negoziato nulla è perduto; che in un mondo segnato dalla lotta e dalle divisioni sociali e ideologiche l'amore insegnato da Cristo è sempre possibile e che i nemici tradizionali possono un giorno diventare buoni amici e convivere in pace. Il più grande errore per noi cristiani sarebbe quello di dimenticare che anche gli altri sono nostri fratelli in Cristo, che l'amore insegnatoci da Cristo è una forza che spinge al perdono, all'astensione dalla violenza, alla riconciliazione e alla fraterna convivenza. La misericordia di Dio deve spingerci a sostenere in ogni modo possibile la sopravvivenza dei cristiani in Terra Santa, per non dover riprendere quanto dicevano i deportati a Babilonia – come afferma il Salmo 137 (138) – i quali cantavano: *"Se ti dimentico Gerusalemme si paralizzi la mia destra, mi si attacchi la lingua al palato se lascio cadere il mio ricordo, se non metto Gerusalemme al di sopra di ogni mia gioia"*.

E tutto questo affinché si realizzi il programma dei fondatori della rivista *Terrasanta*, che in modo chiaro e conciso lo hanno dichiarato nell'editoriale del loro primo numero novanta anni or sono, quando si prefiggevano di: *"Mantenere e propagare la cognizione della Terra Santa nel suo vero carattere di terra di Dio, patria di Gesù, teatro della redenzione umana"*. Come da allora la rivista si è sempre profondamente impegnata secondo questo fine. Oggi ci felicitiamo per il suo valido e instancabile lavoro e le formuliamo ogni migliore augurio per la sua attività futura, per il beneficio della verità e della Chiesa.

La *Terrasanta* nelle altre lingue*

Spagnolo

Padre Emilio Barcena inizia un breve *excursus* storico su *Tierra Santa* mentre è seduto alla scrivania nell'ufficio, dove su una parete appaiono allineate le raccolte della rivista in tutte le lingue: «Le riviste spagnola, italiana e francese nacquero contemporaneamente nel 1921. Si trattava di un unico periodico offerto nelle tre lingue principali parlate nella Custodia di Terra Santa all'epoca. All'inizio usciva ogni quindici giorni sotto forma di un quaderno di sedici pagine più le altre quattro di copertina». Fu il Custode di allora, padre Ferdinando Diotallevi (1869-1957), a volere la rivista. I tempi erano cambiati e occorreva rispondere alla richiesta di notizie sulla Terra Santa provenienti dall'estero.

«Gli articoli di quei numeri della rivista non erano firmati, portavano la firma, invece, le poesie pubblicate nelle tre lingue. Non bisogna pensare, tuttavia, che gli articoli uscissero sempre contemporaneamente sulle tre riviste. Fin dall'inizio si capì che alcune notizie potevano interessare più un pubblico che un altro. Un argomento di carattere archeologico (una scoperta, un restauro) è per tutti, ma un evento legato a una nazione, un pellegrinaggio proveniente da una determinata regione, una ricorrenza "nazionale" sono certamente più significativi per un lettore di un Paese che per un altro che vive altrove. Fu nel dopoguerra che ogni rivista assunse una più marcata indipendenza dalle altre. Il taglio di *Tierra Santa* è rimasto immutato nel tempo».

Per dare un'idea di quanto dice, padre Barcena mostra il numero speciale della rivista pubblicato per festeggiare i primi cinquant'anni del periodico: *50 Años: 1921-1971*. Nell'indice i principali temi ricorrenti fin dalla nascita del periodico: la Bibbia e la Terra Santa, i luoghi santi, i santuari francescani di Terra Santa, l'archeologia, rapporti ecumenici, aspetti politici. «Era la prima volta che mi veniva affidata la direzione della rivista. In quegli anni c'erano

---

*Alcuni dei presenti contributi sono apparsi in varie riprese sul periodico *Eco di Terrasanta* dal 2008 al 2010 a cura di fra Rosario Pierri ofm.

sette studenti spagnoli a cui chiesi di scrivere gli articoli raccolti nel numero commemorativo». In quell'occasione Barcena si occupò di archeologia. Il risultato fu un documentato e corposo resoconto dei vari argomenti trattati.

«*Tierra Santa* ha uno stile divulgativo. Oggi è di grande attualità il dialogo tra le religioni, perciò è bene dare anche spazio ad articoli sull'ebraismo e sull'islam e su ciò che le varie comunità cristiane vivono in questa terra», continua il direttore. La rivista è diffusa nel mondo di lingua spagnola, quindi soprattutto in Spagna e in America Latina, «senza dimenticare gli Stati Uniti, dove, soprattutto a sud, buona parte della popolazione parla spagnolo».

I lettori sono piuttosto vivaci, scrivono per porre domande ed esprimere pareri sugli articoli. «Per un certo periodo abbiamo offerto articoli su questioni bibliche legate in particolare al Nuovo Testamento – continua padre Barcena –. Attualmente ho pensato di sospendere la rubrica, perché mi è sembrato opportuno dover riprendere, anche sollecitato da vari gruppi di pellegrini, la storia dei santuari, che per noi frati non sono altro che la memoria in forma di monumento di fatti biblici». Dal 1986, a cura di padre Antonio Silva, Commissario di Terra Santa a Lisbona, esce un supplemento alla rivista spagnola in lingua portoghese.

Tierra Santa oggi è una rivista di 60 pagine tutta a colori. Una parte consistente di *Tierra Santa* è sempre dedicata ai santuari della Custodia, di cui si parla attraverso approfondimenti archeologici e biblici che mettono in evidenza l'importanza dei siti. Il blocco delle pagine centrali è invece dedicato a monografie che possono essere bibliche o di argomento sociale o religioso. Una sezione originale è quella riguardante la filatelia biblica, particolarmente seguita dalla redazione. Il punto di forza della rivista è la distribuzione: infatti *Tierra Santa* è spedita in ben 17 paesi diversi (Spagna, Portogallo e America Latina), e viene fatta conoscere ai lettori grazie alla collaborazione di 30 commissariati locali diversi, di lingua spagnola e portoghese.

Francese

La Terre Sainte ha abbonati in cinquantasei Paesi; principalmente in Francia e Canada, pochi in Svizzera e Belgio. Un buon numero di lettori sono sparsi in Africa, America Latina ed Europa. L'interesse per la rivista, coordinata da Marie-Armelle Beaulieu, è più vivo di quanto si possa pensare. E questo anche grazie all'iniziativa del benemerito padre Paul Silvestre, predecessore della Beaulieu, che si recava di persona presso gli alberghi a distribuire ai pellegrini di lingua francese un cartoncino di presentazione della rivista, mostrando, nello stesso tempo, un numero di *La Terre Sainte*. «In due anni si è registrato un aumento di duemila abbonati, non pochi visti i tempi. Oggi siamo attestati sulle diecimila copie diffuse».

Appena assunto l'incarico la Beaulieu si è accorta che molti ignorano cosa sia e sia stata la Custodia di Terra Santa. «La rivista è uno strumento per far conoscere la Terra Santa con un occhio attento all'attualità. Nelle sue pagine deve trasparire la vita dei cristiani del Medio Oriente, in primo luogo di quelli di Israele, Palestina, Cipro, Giordania, Siria e Libano, in una parola, delle aree dove la Custodia svolge la sua missione. Gli articoli sulla Sacra Scrittura li preferiamo con un'impronta più scientifica che devozionale ma non accademica. Devono essere legati alla storia e all'ambiente». Il risultato è che il lettore scopre una Terra Santa «nuova».

«In genere la vita degli abitanti della Terra Santa è fatta conoscere dagli altri mass media attraverso il filtro del conflitto – spiega la Beaulieu –, una visione che capovolge la realtà delle cose. Qui la gente vive normalmente anche se c'è una situazione di conflitto, che periodicamente ha delle punte di inasprimento».

I servizi dei corrispondenti di giornali e di televisioni, il più delle volte, trovano spazio solo in casi di violenza o di potenziali scandali, come possono essere un attentato o una zuffa tra i cristiani (appartenenti al clero!) alla basilica del Santo Sepolcro. «Su quest'ultimo punto, poi, il repertorio della vulgata è un miscuglio di fatti veri gonfiati ad arte e di fantasie – continua Marie-Armelle Beaulieu –. Non si parla mai della Settimana ecumenica, che in Terra Santa si svolge dal 20 al 28 gennaio e del clima fraterno che si vive in quei giorni. Certamente capita qualche episodio sconveniente, ma quante volte all'anno? Una, raramente due. Quattro delle cinque figlie di una famiglia cattolica che conosco sono andate in spose a mariti di quattro confessioni cristiane diverse dalla propria. Ciò cosa vuol dire?». Chi vive stabilmente in Terra Santa ha una percezione diversa della realtà rispetto a chi vi risiede per un breve periodo o per un tempo più o meno lungo. «A questo proposito, oltre a testimonianze di volontari, raccolgo anche le impressioni di studiosi che trascorrono lunghi periodi di ricerca soprattutto a Gerusalemme. Posso dire che le loro osservazioni sono sempre stimolanti».

L'accoglienza di taluni articoli da parte dei lettori provoca reazioni del tutto opposte. Alcune volte il medesimo pezzo è ritenuto po' troppo pro-israeliano da un abbonato, mentre a un altro appare sbilanciato verso la parte palestinese. «Il fatto è che taluni si son fatti un'idea unilaterale della situazione locale dura da scalfire. Il torto o la ragione non sono mai di uno solo. Senza nascondere la realtà, "costruire ponti" significa dare spazio soprattutto a quanto di positivo e di bello c'è in questa terra. È un impegno non semplice, talora un vera sfida, ma è proprio ciò che ci sforziamo di fare con la nostra rivista».

La Terre Sainte esce per la prima volta nel 1921. Per diversi anni i numeri delle edizioni italiana, francese e spagnola sono quasi identici. La direzione è anonima ma comune alle tre riviste. Durante la seconda guerra mondiale e la successiva guerra arabo-israeliana la rivista cessa le pubblicazioni (1939-1955). Oggi la maggior parte dei lettori di *La Terre Sainte* è costituita da pellegrini che arrivano dalla Francia dove, dal 1996, è attivo un solo commissariato con sede a Parigi. In precedenza i commissariati francesi erano cinque. Tra i collaboratori della rivista francese vanno ricordati l'avvocato Albert Storme, padre Vianney Delalande e padre Frédéric Manns ofm.

Polacco

La pubblicazione della rivista *Ziemia Swieta* (Terra Santa) è iniziata nel 1995 a cura del Commissariato di Terra Santa in Polonia. La sua storia, tuttavia, è più antica: risale al 1906 il primo numero di *Glos Ziemi Swieta* («Voce di Terra Santa») che ebbe vita fino alla seconda guerra mondiale, e *Ziemia Swieta* ne è la naturale continuazione. «L'affetto per la Terra Santa è molto radicato nel popolo polacco. Lo si può constatare anche dall'afflusso dei pellegrini. Appena se ne ha avuta l'opportunità, una delle mete preferite dai fedeli è stata proprio la terra di Gesù», dice padre Paschalis Kwoczala attuale direttore della rivista. «La periodicità della rivista è trimestrale ed è unica nel suo genere con una diffusione in crescita». Vice direttore di *Ziemia Swieta* è padre Celestyn Paczkowski. Dal 1995 al 2005 a curare la rivista è stato padre Nikodem Gdyk e vice direttore era proprio Kwoczala. Tutti e tre hanno compiuto gli studi teologici del primo ciclo presso lo Studio teologico gerosolimitano di San Salvatore a Gerusalemme.

«Come per le riviste sorelle, lo scopo di *Ziemia Swieta* è di far conoscere le opere e la storia della Custodia di Terra Santa. Una particolare attenzione è rivolta a notizie riguardanti la geografia, la storia e l'archeologia. Non mancano mai riferimenti e approfondimenti su temi di attualità». La rivista è ben curata e ai servizi fotografici è data una particolare attenzione. «Lo facciamo per due ragioni. Innanzitutto per il decoro della rivista stessa e poi perchè non tutti possono permettersi un viaggio. A tutti piace vedere belle foto di luoghi già visitati o che desidera visitare, particolari, colori, volti e costumi dei quali la Terra Santa è così ricca».

La rivista è anche un sussidio per la pastorale e la catechesi: «Quando è il Commissariato a organizzare un pellegrinaggio, ai pellegrini viene distribuita una copia di *Ziemia Swieta* e, negli incontri che precedono il viaggio, la usiamo per illustrare il pellegrinaggio». In questo modo la rivista ha raggiunto gradualmente una tiratura di cinquemila copie per numero. «Ogni anno – occorre ricordare – la rivista è caratterizzata da un tema guida. Quando fu annunciato l'anno giubilare del 2000, incominciammo a seguire i temi proposti da Giovanni Paolo II nei tre anni precedenti in preparazione al grande evento. Così gli anni '97-'99 furono dedicati rispettivamente a Dio Padre, allo Spirito Santo e a Gesù Cristo. Nel 2000 abbiamo dato grande rilievo al pellegrinaggio di Wojtyła in Terra Santa».

«Per quanto è possibile colleghiamo i temi alla Terra Santa: nel 2004 cadeva il centocinquantesimo anniversario del dogma dell'Immacolata concezione e su *Ziemia Swieta* abbiamo posto in evidenza i luoghi che ricordano la madre di

Gesù nella sua terra di origine. L'anno successivo la traccia principale ce l'ha dettata la lettera del Santo Padre sull'eucarestia *Mane nobiscum, Domine*». Negli ultimi anni si nota che l'interesse si è concentrato soprattutto sulla Scrittura e sulla geografia biblica. Il 2006 è stato l'anno dei patriarchi e quello successivo degli evangelisti. «In Galilea ci sono tanti luoghi che fanno da sfondo alla predicazione di Gesù, perciò l'annata del 2008 l'abbiamo riservata a questa regione. Proseguendo verso sud si passa per la Samaria. Come è noto, solo piccoli gruppi di pellegrini e di turisti si recano di rado a visitare il pozzo di Giacobbe, dove la tradizione ha fissato la memoria del colloquio di Gesù con la samaritana, il Monte Garizim e Sebastiya. Anche per questo motivo il 2009 è stato dedicato alla regione del Buon Samaritano». Il 2010 è stato segnato dall'evento del Sinodo dei vescovi per il Medio Oriente, svoltosi a Roma dal 10 al 24 ottobre.

Arabo

L'edizione araba della rivista *Terrasanta* ha un nome diverso, *As-Salam Wal-Kheir* ovvero «Pace e bene», più tipicamente francescano. La rivista è nata nel 1940 e si rivolge ai cristiani cattolici di rito latino e greco che vivono in Terra Santa. Oggi ha una tiratura di 2.500 copie, non poche in proporzione al numero dei fedeli. È sotto la direzione di padre Gabriele Baireyr –, che l'ha guidata per ben 36 anni (dal 1971 al 2007) – che *As Salam Wal-Kheir* si è affermata. Nel 2007 il testimone è passato nelle mani di padre Najib Ibrahim, dottore in Sacra Scrittura e docente di teologia ed esegesi del Nuovo Testamento presso la facoltà di Scienze bibliche e archeologia.

Salvo una rivista simile, ma occasionale più che periodica, pubblicata dai greci cattolici, *As-Salam Wal-Kheir*, in Terra Santa, è unica nel suo genere. Se all'estero i cristiani desiderano essere informati su quanto accade nella terra di Gesù, e le riviste *Eco di Terrasanta* e *Terrasanta* rispondono a questa richiesta, è bene che i cristiani di questa terra ricevano anche notizie provenienti dal mondo e della vita della Chiesa negli altri Paesi. Questa, in sintesi, la principale finalità della rivista.

As-Salam Wal-Kheir è uno strumento prezioso e molto seguito, se, da quanto riferisce l'attuale direttore, *abuna* Najib, gli abbonati sono molto affezionati alla rivista, che ha dieci numeri in un anno. Infatti il periodico non risponde solo a un'esigenza di formazione ma è percepita come espressione dell'identità dei cristiani cattolici. Con un linguaggio semplice e accessibile si rivolge a un pubblico variegato. Con la pubblicazione di *As-Salam Wal-Kheir* la Custodia di Terra Santa intese offrire ai cristiani locali la possibilità di aprire una finestra sul mondo, che per un verso garantisse la continuazione dell'educazione impartita nelle scuole e dall'altra rafforzasse i legami tra i membri della comunità. Non è un aspetto marginale in una terra dove si è minoranza da secoli, e la rivista ha assolto in pieno la sua missione. La linea editoriale seguita da padre Baireyr, come lui stesso ricorda, ha dato la precedenza a «soggetti per il popolo».

Oltre all'attenzione a quanto accadeva nel mondo, il nucleo portante della rivista era «la vita di fede» e «la santità vissuta». Per questo non si contano gli articoli scritti di suo pugno ispirati alla vita dei santi e di «grandi uomini e donne cattolici nel mondo e in Palestina». Alla finezza letteraria e alla passione per «i libri, la letteratura e la lingua araba» questo riservato francescano palestinese ha unito da sempre una spiccata chiarezza di idee. Oggi *As-Salam Wal-Kheir* contiene regolarmente due articoli di argomento biblico. Nel corso dell'anno paolino sono apparsi in ogni numero una serie di contributi su san Paolo e sulle sue Lettere curati da padre Ibrahim e da padre Paul Feghali, noto biblista libanese. Padre Baireyr, classe 1914, nella sua inesauribile vena creativa, continua a pubblicare articoli di carattere devozionale. Tra i collaboratori è il signor Joseph Hazboun a occuparsi dei luoghi santi, mentre della vita dei santi scrive saltuariamente Antoine Duaieh. A don Rafiq Khoury, del patriarcato latino, è affidata la pagina sulla vita pastorale della diocesi. Del francescanesimo si occupa padre Toufic Bou Merhi, attualmente parroco a Beirut, Libano.

Padre Najib Ibrahim, dunque, è in buona compagnia. Il suo sogno è di «puntare ancora di più sull'approfondimento e sulla formazione a partire dal catechismo». Gli auguriamo di trovare al più presto un collaboratore che si unisca all'opera di questi silenziosi ed entusiasti animatori della comunità cattolica di Terra Santa.

Inglese

Il primo numero di *The Holy Land Review* apparve nella primavera del 1975. Il direttore e, si può dire, fondatore della rivista, padre Godfrey Kloetzli, fece seguire al suo saluto ai lettori i messaggi augurali dell'allora Patriarca latino di Gerusalemme, mons. Giacomo Giuseppe Beltritti, del Custode di Terra Santa, padre Maurilio Sacchi, e del Delegato apostolico, l'arcivescovo William Aquin Carew. Beltritti scriveva: "Apprendo con gioia che la nuova rivista *Holy Land* è pubblicata in inglese a Gerusalemme dalla Custodia Francescana. Per molti anni ho seguito con grande interesse le quattro riviste sorelle stampate nella Città Santa dai padri francescani in italiano, francese, spagnolo e arabo. Confido che questo nuovo periodico contribuisca efficacemente a diffondere nel mondo anglofono una migliore conoscenza della Terra Santa, faccia sviluppare nel cuore di molti cristiani l'attaccamento alla terra di Gesù e Maria e spinga tanti e tanti pellegrini a visitare, con spirito di fede e devozione, i luoghi santi". Padre Godfrey, seguendo la linea editoriale delle altre riviste, aprì il periodico anche a contributi sull'ebraismo e sull'islam.

Nel 1980 (Primavera–Inverno, 2), nell'*Editor's Corner*, annuncia che l'anno successivo nella gestione della rivista sarebbe cambiato qualcosa, la direzione della rivista sarebbe passata a padre Raphael Bonanno, mentre a lui si sarebbe affiancato come direttore padre Claudio Baratto.

Padre Bonanno assume con grande entusiasmo l'incarico. Nel suo saluto d'esordio nel numero primaverile del 1981 ringrazia padre Godfrey per aver fondato la rivista e per la "generosa collaborazione" con lo *staff*. Tocca a lui ricordare ancora padre Godfrey nel 1992 (Inverno) in occasione della morte di quest'ultimo: "(Godfrey) fu il fondatore della rivista *Holy Land* nel 1975. Lavorò alla rivista fino al 1981". Chiamato a Roma a dirigere *Fraternitas*, il bollettino dell'Ordine dei Frati Minori, Bonanno lascia Gerusalemme. La direzione passa nelle mani di padre Silas Musholt, ex Commissario di Terra Santa, guida di pellegrini, traduttore e superiore presso il *Terra Sancta College* che, tuttavia, 'firma' un unico numero della rivista (Primavera 1993, 2). Nel successivo, infatti, è padre Peter F. Vasko a presentare la rivista e ad apparire come *Acting Editor* (Estate 1993). Soddisfatto del lavoro svolto "ad interim", dopo poco più di un anno, quest'ultimo, assumendo la carica di *Associate Editor,* ha il piacere di presentare il nuovo direttore di *Holy Land Review*, padre William De Biase, "un francescano che ha svolto per 28 anni il proprio ministero in una parrocchia in Giappone" (Autunno 1994, 114).

Il passaggio del testimone non è mai semplice: "Non è il modo ideale di iniziare – scrive padre William – ma al mio primo incarico di direttore devo scusarmi con voi per il ritardo della pubblicazione. Talvolta nel passaggio del diadema le cose restano indietro... Speriamo che vi piaccia questa pubblicazione come è piaciuto a noi prepararla. Mentre ci lavoro, stanno per essere affrontate alcune questioni del dialogo israelo-palestinese" (Inverno 1994, 169). Due anni più tardi circa, per nuovi incarichi affidatigli nella sua Provincia religiosa, torna a New York. Ringraziandolo anche a nome dei lettori, padre Liguori Mierzwiak, suo successore, gli augura ogni bene nel servizio che si accinge a svolgere (*Autunno* 1996, 133). Sotto la direzione di padre Liguori escono 6 numeri. Per ragioni di salute è costretto a rimpatriare dopo un anno e mezzo. L'editoriale del numero della primavera 1998, infatti, esce a firma di padre James Heinsch.

Il 2000 è l'anno del Giubileo: "Che meraviglia è stato vedere il Santo Padre Giovanni Paolo II nella terra di Nostro Signore Gesù Cristo!" (Estate 2000, 1). Padre James è colpito dalle parole dei *boy scout* indaffarati nel decorare le strade in preparazione alla visita del Papa: "Lo facciamo per il NOSTRO Papa". Naturalmente, come sulle altre riviste sorelle, nel numero è dato largo spazio all'avvenimento, raccontato con toni entusiastici.

Dalla primavera 2001 a quella del 2006 alla direzione della rivista troviamo padre Jago Soce, che firma il suo primo editoriale nel numero estivo del 2001.

Il trasferimento della sede dell'edizione da Gerusalemme a Washington causa la mancata pubblicazione di 6 numeri di *Holy Land*, dall'autunno 2006 all'inverno 2007. Alla ripresa della stampa, il numero della primavera del 2008 si presenta in una nuova veste editoriale, di formato più grande. Il titolo scelto per la copertina è accattivante "L'enigma di Qumran" (*The Enigma of Qumran*). Nell'editoriale, padre Jeremy Harrington, neo direttore della rivista, rivolgendosi ai lettori scrive: "La *Holy Land Review* sarà pubblicata quattro volte all'anno dal convento francescano di Washington (D.C.) in stretta collaborazione con l'edizione italiana *Terrasanta*".

Andando indietro negli anni, possiamo percepire nel saluto indirizzato a padre Godfrey (*Holy Land Review* 1975) da parte del Custode di Terra Santa Maurilio Sacchi un sincero entusiasmo e apprezzamento per la pubblicazione della rivista: "In questo glorioso periodo pasquale del 1975 è stato pubblicato dalla Custodia di Terra Santa il primo numero di *Holy Land Review*. Questa è la realizzazione di un desiderio che si è sviluppato lungo tanti anni e non solo la stampa di un'altra pubblicazione religiosa... Desideriamo portare ai fedeli di lingua inglese la voce e il messaggio della Terra Santa e dei luoghi santificati dal passaggio del Figlio di Dio tra noi uomini. Desideriamo ricreare attraverso le pagine del Vangelo, che hanno la loro cornice nel panorama della Palestina e nelle antiche testimonianze, la figura e la missione di Cristo... Conoscere e amare la Terra Santa è conoscere e amare Cristo... Noi speriamo che questa rivista, voce e messaggio della Terra Santa, raggiunga tutti portando con sé benedizione e grazia".

In queste parole si trova espresso lo spirito che ha animato i diversi direttori e i tanti collaboratori di *Holy Land Review*, che si sono sforzati di essere fedeli, lungo questi anni di apprezzato servizio, alla missione che la rivista della Custodia di Terra Santa si propone di realizzare, in qualsiasi lingua sia scritta.

Maltese

L-Art Imqaddsa (*La Terra Santa*) in lingua maltese ha una storia di 56 anni. Fu fondata nel 1955 con il nome di *Lehen l-Art Imqaddsa* (*Voce della Terra Santa*). In quei tempi era l'unica rivista biblica in lingua maltese e, come le altre riviste sorelle, era indirizzata particolarmente ai pellegrini e ai benefattori della missione di Terra Santa.

Nel 1979 il vice-commissario di Terra Santa, padre Raymond Camilleri, decise di dare un nuovo formato alla rivista, che fu chiamata da allora *L-Art Imqaddsa*. La rivista inizialmente si pubblicava ogni due mesi. Più tardi fu deciso di aumentare il numero delle pagine e di pubblicarla quattro volte all'anno.

Padre Raymond fu l'ideatore del nuovo formato della rivista, coadiuvato nella realizzazione dal compianto padre John Abela e da una *équipe* di frati. Erano gli anni in cui la rivista veniva stampata in bianco e nero nei locali del Commissariato di Terra Santa alla Valletta, eccetto la copertina che veniva stampata in una tipografia locale.

Con gli sforzi di padre Raymond si cercò di dare alla rivista un'impostazione di alta divulgazione. In ogni numero compaiono traduzioni di articoli dei professori dello *Studium Biblicum Franciscanum*, oppure di articoli apparsi nella rivista *La Terra Santa* (dal 2006 *Terrasanta*). I temi affrontati riguardano in prevalenza argomenti di carattere biblico-catechetico, di geografia e storia della Terra Santa più in generale e dei Luoghi Santi.

Per dare alla rivista un'impronta più tipicamente maltese, sono stati invitati a scrivere articoli alcuni biblisti maltesi, sia professori presso la Facoltà di Teologia dell'Università di Malta, sia professori maltesi residenti a Roma. Così dal 1985 hanno iniziato a collaborare alla rivista biblisti francescani della Provincia di Malta, in particolare padre Guido Schembri e padre Marcello Ghirlando, il quale ne ha curato anche la pubblicazione quando era Commissario di Terra Santa (1993-2002).

Dal 2002 la rivista è diretta dall'attuale Commissario di Terra Santa, padre Anthony Chircop, che può giovarsi della collaborazione di padre Marcello Ghirlando, padre Joseph Magro, padre Noel Muscat e del signor Tonio Farrugia, responsabile dell'aspetto tecnico della pubblicazione.

La tiratura della rivista negli anni '80 era di oltre 2.000 copie, una cifra ragguardevole in proporzione alla piccola isola di Malta. Negli ultimi anni il numero degli abbonati si è andato gradualmente assottigliando a causa delle difficoltà riguardanti la propaganda e la distribuzione. Comunque la rivista è ormai accessibile *on-line* nel sito del Commissariato (http://i-tau.com).

Con lodevole spirito di iniziativa, segno dell'entusiasmo che li muove e del profondo affetto che nutrono per la Terra Santa, dal 2010 padre Raymond Camilleri e padre Noel Muscat curano anche una rivista in inglese *on-line*, alla quale hanno dato il nome di *Land of the Promise*. La si trova nello stesso sito web di *L-Art Imqaddsa*, e tratta prevalentemente di temi di geografia, archeologia, storia e attualità sulla Terra Santa.

Tedesco

La rivista tedesca di Terra Santa si intitola *Nella Terra del Signore* (in tedesco *Im Land des Herrn*). Esiste dal 1946 e all'inizio era redatta e pubblicata dal Commissariato Generale di Terra Santa a Vienna. Originariamente aveva come sottotitolo «Rivista per i pellegrini e gli amici della Terra Santa». Anche se era pensata principalmente per l'Austria, veniva anche distribuita dai Commissariati tedeschi. Dal 1901 esisteva già una versione antecedente della rivista dal titolo *Il crociato. Rivista mensile dei Guardiani del Santo Sepolcro a Gerusalemme*.

Durante la conferenza di tutti i Commissari di Terra Santa di lingua tedesca nel 1983, la redazione della rivista venne affidata al Commissariato di Monaco. Dall'annata 38 (1984) è stata redatta da padre Sigfried Grän ofm e da padre Raynald Wagner. Nel 1991 *Nella Terra del Signore* ha ricevuto il sottotitolo

Rivista francescana di Terra Santa per distinguersi dalla rivista dell'associazione tedesca di Terra Santa di Colonia, che si intitola *La Terra Santa* ed è distribuita in Germania.

All'inizio *Nella Terra del Signore* era trimestrale. Alla rivista era allegato un calendario delle missioni di Terra Santa, che al tempo stesso era un calendario per i terziari francescani. Più tardi venne pubblicato un Annuario di Terra Santa dal Commissariato Generale di Vienna. Periodicamente usciva anche un Quaderno più voluminoso dell'Annuario, su vari argomenti legati alla presenza dei francescani in Terra Santa. Dal 1994 non esiste più un simile Annuario.

La rivista oggi è la stessa per tutti i paesi di lingua tedesca (Austria, Germania, Svizzera). Soltanto il retro di copertina è personalizzato per il Commissariato Generale di Vienna, con le segnalazioni dei propri pellegrinaggi e altri eventi. La stampa è stata affidata fino al 1995 alla Thaurdruck, in Tirolo, dal 1995 alla Grasl Druck & Neue Medien di Bad Vöslau, in Austria.

«La nostra rivista vorrebbe aiutare il pellegrino cristiano a conoscere in modo più approfondito la storia, i personaggi, i problemi e la situazione della Terra della Bibbia. Su una questione vogliamo in particolare porre l'attenzione: anche là in Terra Santa c'è una Chiesa locale. Certo, questi cristiani, per lo più arabi, sono una minoranza rispetto a ebrei e musulmani, ma ci sono anche se vengono per lo più ignorati dai pellegrini. Tuttavia non si deve nascondere che questa Chiesa locale per sopravvivere ha bisogno del nostro aiuto. Oltre alla cura dei Luoghi Santi, infatti, il compito più importante dei Francescani riguarda l'aiuto e il servizio a questa Chiesa locale» così viene spiegata la linea editoriale nel numero 2 del 1986.

Gli articoli sono in piccola parte traduzioni da riviste di Terra Santa in altre lingue, per la maggior parte sono invece redatte da confratelli esperti e altri collaboratori. Dal 1984 fino alla sua morte, avvenuta nel 2008, padre Sigfried Grän fu un assiduo collaboratore. Due serie di suoi articoli sono state pubblicate separatamente.

Il Commissariato di Monaco dispone di un ricco archivio fotografico, a cui padre Tomislav Vuk ofm della Flagellazione di Gerusalemme ha contribuito in gran parte.

In tempi più recenti l'archivio fotografico della Custodia, gestito da Marc Homedes Palau, è a disposizione della redazione a Paderborn.

Attualmente, la tiratura della rivista (prendendo come riferimento il numero 4 - 2011) è di circa 60 mila copie. 55 mila di queste sono distribuite dal Commissariato Generale di Vienna, 4 mila dal Commissariato tedesco di Werl e 900 dal Commissariato svizzero di Näfels.

Oltre alla rivista, a Monaco si realizzano altre pubblicazioni (guide, sussidi liturgici, materiale informativo) per i Commissariati di lingua tedesca, per i pellegrini e per tutti coloro che sono interessati alla Terra Santa.

Profilo degli autori

Fra Giovanni Claudio Bottini ofm

Dal 1980 è docente di introduzione ed esegesi del Nuovo Testamento presso lo *Studium Biblicum Franciscanum* (SBF) di Gerusalemme, facoltà di Scienze bibliche e Archeologia della Pontificia Università Antonianum di Roma. Ha pubblicato diversi libri e vari studi, specialmente sull'opera lucana (Vangelo di Luca e Atti degli Apostoli) e sulla Lettera di Giacomo. Dal 1980 al 2002 ha ricoperto anche l'incarico di Segretario di redazione per le pubblicazioni dello SBF. Dal 2002 al 2011 è stato decano della Facoltà.

Card. Andrea Cordero Lanza di Montezemolo

Studiava architettura e militava nelle formazioni dei partigiani quando il 24 marzo 1944 suo padre Giuseppe, colonnello dell'esercito e capo del Fronte militare clandestino di Roma, venne barbaramente trucidato alle Fosse Ardeatine. Cinque anni dopo era già assistente alla cattedra di Scienza delle costruzioni all'Università La Sapienza di Roma: un incarico che conservò anche dopo essere stato ordinato sacerdote nel 1954 e fino a quando, nel 1959, entrò nei ranghi diplomatici della Santa Sede. L'anno dopo è in Messico. E poi in Giappone, Kenya, Papua Nuova Guinea. Tra gli analisti di punta della Segreteria di Stato, è ai vertici del Pontificio consiglio Giustizia e Pace. Dal 1980 al 1986 rappresenta la Santa Sede nel Nicaragua sandinista e contemporaneamente nell'Honduras anti-sandinista. E intanto, appena poteva, andava in pellegrinaggio in Terra Santa. La tradizione antifascista della sua famiglia lo facilitò nel gradimento delle autorità israeliane quando il Papa, nel 1990, lo nominò delegato apostolico (rappresentante pontificio in assenza di relazioni diplomatiche) in Israele e nel 1994 nunzio. Fu l'artefice dell'Accordo Fondamentale del 1993. Creato cardinale nel 2006 da Papa Benedetto XVI, è arciprete emerito della Basilica di San Paolo fuori le mura a Roma.

Mons. David Maria Jaeger ofm

Nato nel 1955 a Tel Aviv, in Israele, da una famiglia della borghesia ebraica, David Jaeger compie la sua prima formazione presso le scuole religiose sioniste della città e matura negli anni giovanili la sua conversione al cattolicesimo e la vocazione religiosa. Per diversi anni assume qualificati incarichi in Terra Santa, tra cui quelli di direttore del programma di studio sul cristianesimo presso l'Istituto ecumenico di ricerca teologica a Tantur (Gerusalemme), di segretario per il collegamento ecumenico ed interreligioso a difesa della libertà religiosa del Consiglio Cristiano Unito in Israele (Ucci) e, dopo aver conseguito il dottorato di ricerca in diritto canonico, di professore presso lo *Studium Biblicum Franciscanum* di Gerusalemme (1986-1992). Dal 1999 insegna diritto canonico presso la Pontificia Università Antonianum di Roma ed è consultore della Congregazione per le Chiese orientali, della Congregazione per il clero, del Pontificio consiglio per i testi legislativi e del Pontificio consiglio per la famiglia. Padre Jaeger è noto anche per il suo ruolo, dal 1992 al 2011, di esperto giuridico della Delegazione della Santa Sede alla Commissione bilaterale permanente di lavoro tra la Santa Sede e lo Stato di Israele. Nel 2011 Benedetto XVI lo ha nominato Prelato uditore del Tribunale della Rota Romana, supremo tribunale d'appello vaticano.

Danilo Mazzoleni

È docente di Epigrafia classica e cristiana e decano del Pontificio Istituto di Archeologia Cristiana; inoltre è professore di Archeologia cristiana alla facoltà di Lettere della Università di Roma Tre e alla facoltà di Teologia della Pontificia Università Lateranense. Fa parte del consiglio direttivo della Pontificia Accademia Romana di Archeologia e sta portando avanti la pubblicazione delle *Inscriptiones Christianae Urbis Romae*. Nel 1987 ha partecipato alle campagne di scavi dirette da padre Piccirillo ad Ayoun Mousa e a Umm er-Rasas.

Paolo Pieraccini

Ha conseguito una laurea in Storia dei trattati e Politica internazionale presso l'Università di Firenze, un dottorato di ricerca in Storia delle relazioni internazionali presso la medesima Università e un dottorato di ricerca presso l'Université Paris Sud. Ha pubblicato due volumi sulla storia di Firenze, due volumi sugli aspetti diplomatici, religiosi e giuridici della questione di Gerusalemme e quattro volumi sul cattolicesimo palestinese. È anche autore di molti saggi sulla politica dell'Italia e della Santa Sede verso la Palestina e sugli aspetti politici, archeologici, diplomatici e religiosi del conflitto israelo-palestinese.

Giuseppe Caffulli

Laureato in Lettere moderne presso l'Università Cattolica di Milano, è giornalista professionista. È stato redattore di *Popoli*, la rivista missionaria dei

gesuiti italiani e, dal 1997 al 2005, caporedattore di *Mondo e Missione*, la rivista missionaria del Pontificio Istituto Missioni Estere. Collaboratore di *Avvenire, Famiglia Cristiana, Jesus* e *Messaggero di Sant'Antonio*, dall'ottobre
2005 è direttore delle riviste edite in Italia dalla Custodia di Terra Santa (*Eco
di Terrasanta* e *Terrasanta*, oltre che della testata on line *Terrasanta.net*). Da
vent'anni ormai si occupa di Medio Oriente, ecumenismo e dialogo tra le religioni. Tra le sue pubblicazioni ricordiamo: *Fratelli dimenticati. Viaggio tra i
cristiani del Medio Oriente* (2007); *Colloqui su Gerusalemme* (2008) e *Come
chicco di grano* (2010), sulla figura di monsignor Luigi Padovese.